民法典普及推荐读本

民法典

总则编

实用问题版

实用问题及实务工具部分撰稿人
赵微
辽宁省沈阳市中级人民法院
王荣
北京市金台律师事务所

法律出版社 | LAW PRESS

图书在版编目(CIP)数据

民法典总则编:实用问题版 / 法律出版社法律应用中心编. -- 北京:法律出版社,2021
(民法典实用问题版系列)
ISBN 978-7-5197-4814-2

Ⅰ. ①民… Ⅱ. ①法… Ⅲ. ①民法-总则-中国
Ⅳ. ①D923.1

中国版本图书馆 CIP 数据核字(2020)第 139511 号

民法典总则编:实用问题版
MINFADIAN ZONGZEBIAN:SHIYONG WENTI BAN

法律出版社
法律应用中心 编

责任编辑 朱海波
装帧设计 鲁 娟

出版 法律出版社
总发行 中国法律图书有限公司
经销 新华书店
印刷 天津嘉恒印务有限公司
责任校对 王晓萍
责任印制 吕亚莉

编辑统筹 法律应用出版分社
开本 A5
印张 8.75
字数 280 千
版本 2021 年 2 月第 1 版
印次 2021 年 2 月第 1 次印刷

法律出版社/北京市丰台区莲花池西里 7 号(100073)
网址/www.lawpress.com.cn
投稿邮箱/info@lawpress.com.cn
举报维权邮箱/jbwq@lawpress.com.cn
销售热线/400-660-8393
咨询电话/010-63939796

中国法律图书有限公司/北京市丰台区莲花池西里 7 号(100073)
全国各地中法图分、子公司销售电话:
统一销售客服/400-660-8393/6393
第一法律书店/010-83938432/8433 西安分公司/029-85330678 重庆分公司/023-67453036
上海分公司/021-62071639/1636 深圳分公司/0755-83072995

书号:ISBN 978-7-5197-4814-2 **定价**:36.00 元
(如有缺页或倒装,中国法律图书有限公司负责退换)

出版说明

2021年1月1日《民法典》正式施行。《民法典》是一本写满民事权利的宣言书，与人民的生活密切相关，几乎所有的民事活动都能在《民法典》中找到依据。为帮助读者更好地理解《民法典》中的法律概念、术语以及具体条文的适用，我们从实用、易懂、便捷的角度出发，编写了"民法典实用问题版系列"图书。

本套图书具有以下特点：

1. 实用的解读。对重点条文根据立法、司法、行政机关的释义、解读以及相关法律法规的规定等进行精炼、准确的解答，为理解、适用《民法典》的条文规定提供实用的解读。

2. 实用的指引。结合生活、工作实践提炼法律适用问题，并依据《民法典》及相关法律法规、司法解释、部门规章的进一步规定进行分析解答，为处理法律事务、解决法律问题提供实用的指引。

3. 实用的工具。提炼法律知识图表，让成体系的《民法典》相关规定的适用一目了然，同时收录了常用的法律文书（合同）范本，供读者参照使用，为处理民事法律事务提供实用的工具。

4. 实用的依据。收录常用的法律法规、司法解释、部门规章等（电子版免费阅读使用，并持续更新），并以《民法典》的体例进行划分，条理清晰、查询方便，后续电子版将根据法律法规的变化持续调整，为处理民事法律事务提供实用的依据。

带着问题学习法律，以法律解决实际问题！希望本套丛书能够为广大读者带来切实的法律帮助。

2021年2月

《民法典》线上配套法律法规汇编

本汇编为“民法典实用问题版系列”的配套法规，旨在为读者提供便捷的、全面的在线内容查询。本汇编以《民法典》的体例划分，条理清晰、查询方便，后续将根据法律法规的变化持续调整，为处理民事法律事务提供实用的依据。

本汇编包含：(1)《民法典》全文正式版本。(2)《民法典》与《婚姻法》《继承法》《民法通则》《收养法》《担保法》《合同法》《物权法》《侵权责任法》《民法总则》相关法律的条文对照。(3)与《民法典》相关的法律、行政法规、司法解释、司法批复、司法文件、部门规章等。

有章

目　录

民法典　第一编　总　则

实用问题

关联法规

实用工具

民法典

第一编 总则

第一章 基本规定

第一条 【立法目的】*为了保护民事主体的合法权益，调整民事关系，维护社会和经济秩序，适应中国特色社会主义发展要求，弘扬社会主义核心价值观，根据宪法，制定本法。

条文注解

本条规定了《民法典》五个方面的立法目的：

一是保护民事主体的合法权益，包括人身权利、财产权利、兼具人身和财产性质的知识产权等权利，以及其他合法权益。

二是调整民事关系。民法典调整的仅仅是民事关系，民事关系就是平等主体之间的权利和义务关系，可以分为人身关系、财产关系等。

三是维护社会和经济秩序。

四是适应中国特色社会主义发展要求。编纂民法典就是为了满足人民群众的新法治需求，适应我国社会主要矛盾的变化。

五是弘扬社会主义核心价值观。社会主义核心价值观包括富强、民主、文明、和谐，自由、平等、公正、法治，爱国、敬业、诚信、友善。

第二条 【调整范围】民法调整平等主体的自然人、法人和非法人组织之间的人身关系和财产关系。

---

* 条文主旨为编者所加，仅供参考。

条文注解

民事主体是民事关系的参与者、民事权利的享有者、民事义务的履行者和民事责任的承担者。本条首先列举了民事主体的具体类型，包括自然人、法人和非法人组织三类。自然人不仅包括中国公民，还包括我国领域内的外国人和无国籍人。法人就是法律上拟制的人，法人是一种社会组织，法律基于社会现实的需要，赋予符合一定条件的组织法人资格，便于这些组织独立从事民事活动，归根结底是为了扩展自然人从事民事活动的广度。同时，民法典创设了第三类民事主体，赋予个人独资企业、合伙企业等不具有法人资格的组织民事主体地位，并统一称为"非法人组织"。

自然人、法人、非法人组织之间的社会关系多种多样，并非所有社会关系都由民法调整。民法仅调整他们之间的民事关系，即作为平等主体的自然人、法人、非法人组织之间发生的社会关系。

民法所调整的民事关系根据权利义务所涉及的内容不同可以分为两大类，即民事主体之间的财产关系和人身关系。人身关系，是指民事主体之间基于人格和身份形成的无直接物质利益因素的民事法律关系，如婚姻关系、抚养和赡养关系。财产关系，是指民事主体之间基于物质利益而形成的民事法律关系。就财产关系所涉及的权利内容而言，财产关系包括物权关系、债权关系等。

关联法规

《民事诉讼法》第3条

第三条　【民事权益受法律保护】民事主体的人身权利、财产权利以及其他合法权益受法律保护，任何组织或者个人不得侵犯。

条文注解

民事权利及其他合法权益受法律保护是民法的基本精神,也是民事立法的出发点和落脚点。民事权利及其他合法权益受法律保护,就是要求任何组织或者个人不得侵害。不得侵犯就是任何组织或者个人不得非法侵占、限制、剥夺他人的民事权利及其他合法权益,也不得干涉他人正常行使民事权利及其他合法权益。当然,这并非意味着民事主体的民事权利可以毫无限制,是绝对自由的。相反,民事主体行使民事权利要受到法律、公序良俗的约束,民事主体不得滥用民事权利,且国家基于公共利益的需要,在法律权限范围内经法定程序,在给予公平合理补偿的前提下,可以对民事主体的财产予以征收或者征用。

民法典不仅在总则编对保护民事权利作了规定,在其他各编中也都有配套的相关规定。

关联法规

《宪法》第 13 条

第四条 【平等原则】民事主体在民事活动中的法律地位一律平等。

条文注解

平等原则,是指民事主体,无论法人、自然人还是非法人组织,无论法人规模大小、经济实力雄厚与否,无论自然人是男、女、老、少、贫、富,无论非法人组织经营什么业务,在从事民事活动时,他们相互之间在法律地位上都是平等的,他们的合法权益受到法律的平等保护。平等原则是民事法律关系区别于行政法律关系特有的原则,也是发展社会主义市场经济的客观要求。

关联法规

《宪法》第33条，《证券法》第3条，《消费者权益保护法》第4条，《企业合伙法》第5条

第五条　【自愿原则】民事主体从事民事活动，应当遵循自愿原则，按照自己的意思设立、变更、终止民事法律关系。

条文注解

自愿原则，也称意思自治原则，就是民事主体有权根据自己的意愿，自愿从事民事活动，按照自己的意思自主决定民事法律关系的内容及其设立、变更和终止，自觉承受相应的法律后果。自愿原则体现了民事活动最基本的特征。自愿原则，可以从四个方面来理解。首先，民事主体有权自愿从事民事活动。其次，民事主体有权自主决定民事法律关系的内容。再次，民事主体有权自主决定民事法律关系的变动。最后，民事主体应当自觉承担相应法律后果。

需要进一步说明的是，自愿或者意思自治不是毫无约束的绝对的自由与放任。民事主体实现自愿、自主或意思自治的前提就是民事主体之间的平等法律地位。因此，民事主体的自愿是建立在相互尊重的基础上的，必须尊重其他民事主体的自主意志。民事主体的意思自治，还受到民法的公平原则、诚信原则、守法原则等基本原则的约束。这些原则要求民事主体从事民事活动，要公平合理、诚实守信，不得违反法律，不得违背公序良俗。

关联法规

《证券法》第4条，《反不正当竞争法》第2条，《对外贸易法》第3条

第六条 【公平原则】民事主体从事民事活动，应当遵循公平原则，合理确定各方的权利和义务。

条文注解

公平原则要求民事主体从事民事活动时要秉持公平理念，公正、平允、合理地确定各方的权利和义务，并依法承担相应的民事责任。公平原则体现了民法促进社会公平正义的基本价值，对规范民事主体的行为发挥着重要作用。公平原则首先要求民事主体在从事民事活动时，按照公平观念行使权利、履行义务，特别是对于双方民事法律行为，要求一方的权利和义务应当相适应，双方之间的权利和义务应当对等，不能一方承担义务而另一方只享有权利，也不能一方享受的权利和承担的义务相差悬殊。公平原则的这种要求在合同编中得到充分体现。公平原则作为民法的基本原则，不仅是民事主体从事民事活动应当遵守的基本行为准则，也是人民法院审理民事纠纷应当遵守的基本裁判准则。

关联法规

《劳动合同法》第 3 条，《公司法》第 126 条，《合伙企业法》第 5 条，《商业银行法》第 5 条，《信托法》第 5 条，《证券投资基金法》第 4 条，《反不正当竞争法》第 2 条，《消费者权益保护法》第 4 条，《民法典》第 496 条第 2 款、第 497 条第 2 项、第 1186 条

第七条 【诚信原则】民事主体从事民事活动，应当遵循诚信原则，秉持诚实，恪守承诺。

条文注解

诚信原则要求所有民事主体在从事任何民事活动时，包括行使民事权利、履行民事义务、承担民事责任时，都应该秉持诚实、善意，信守自己的承诺。诚信原则作为民法最为重要的基本原则，被称为民法的“帝王条款”，是各国民法公认的基本原则。通常认为，诚实信用原则要求民事主体从事民事活动应当讲诚信、守信用，以善意的方式行使权利、履行义务，不诈不欺，言行一致，信守诺言。

诚信原则对司法机关裁判民事纠纷具有积极作用，在当事人没有明确约定或法律没有具体规定时，司法机关可以根据诚信原则填补合同漏洞、弥补法律空白，平衡民事主体之间、民事主体与社会之间的利益，进而实现社会的公平正义。

关联法规

《消费者权益保护法》第 4 条，《劳动合同法》第 3 条，《个人独资企业法》第 4 条，《合伙企业法》第 5 条，《证券法》第 4 条，《保险法》第 5 条，《票据法》第 10 条，《商业银行法》第 5 条，《信托法》第 5 条，《证券投资基金法》第 4 条，《担保法》第 3 条，《反不正当竞争法》第 2 条，《拍卖法》第 4 条，《招标投标法》第 5 条，《民事诉讼法》第 13 条

第八条　【守法与公序良俗原则】民事主体从事民事活动，不得违反法律，不得违背公序良俗。

条文注解

公序良俗，是指公共秩序和善良习俗。守法和公序良俗原则要求自然人、法人和非法人组织在从事民事活动时，不得违反各种法律的强制性规定，不违背公共秩序和善良习俗。

守法和公序良俗原则又可以细分为两项具体要求:(1)民事主体从事民事活动不得违反法律。这里的法律不仅包括民事法律,还包括其他部门法。所谓不得违反法律,就是要求不违反法律的强制性规定。(2)民事主体从事民事活动不得违背公序良俗。不得违背公序良俗原则,就是不得违背公共秩序和善良习俗。公共秩序,是指政治、经济、文化等领域的基本秩序和根本理念,是与国家和社会整体利益相关的基础性原则、价值和秩序,在以往的民商事立法中被称为社会公共利益,在英美法系中也被称为公共政策。善良习俗,是指基于社会主流道德观念的习俗,也被称为社会公共道德,是全体社会成员所普遍认可、遵循的道德准则。善良习俗具有一定的时代性和地域性,随着社会成员的普遍道德观念的改变而改变。公共秩序强调的是国家和社会层面的价值理念,善良习俗突出的则是民间的道德观念,二者相辅相成,互为补充。

关联法规

《保险法》第4条,《公司法》第5条,《合伙企业法》第7条,《个人独资企业法》第4条,《妇女权益保障法》第5条

第九条　【绿色原则】民事主体从事民事活动,应当有利于节约资源、保护生态环境。

条文注解

绿色原则是贯彻宪法关于保护环境的要求,同时也是落实党中央关于建设生态文明、实现可持续发展理念的要求。将环境资源保护上升至民法基本原则的地位,具有鲜明的时代特征,将全面开启环境资源保护的民法通道,有利于构建生态时代下人与自然的新型关系,顺

应绿色立法潮流。

本条规定的绿色原则与其他原则的表述有所不同，其他原则使用了“应当遵循”“不得违反”等表述，而本条使用的是“应当有利于”的表述。尽管有这种不同，但绿色原则作为民法典的基本原则，仍具有重要作用：一是确立国家立法规范民事活动的基本导向，即要以节约资源、保护生态环境作为重要的考量因素；二是要求民事主体本着有利于节约资源、保护生态环境的理念从事民事活动，树立可持续发展的观念；三是司法机关在审判民事案件，适用民事法律规定时，要加强对节约资源、保护生态环境的民事法律行为的保护。

关联法规

《宪法》第9条，《环境保护法》第6条，《土地管理法》第38条，《民法典》第346条、第509条第3款、第625条，《民法典》侵权责任编第七章

第十条 【法律适用】处理民事纠纷，应当依照法律；法律没有规定的，可以适用习惯，但是不得违背公序良俗。

条文注解

人民法院、仲裁机构等在处理民事纠纷时，首先应当依照法律。这里的法律是指广义的法律，包括全国人大及其常委会制定的法律和国务院制定的行政法规，也不排除地方性法规、自治条例和单行条例等。

本条还规定，法律没有规定的，可以适用不违背公序良俗的习惯。习惯，是指在一定地域、行业范围内长期为一般人确信并普遍遵守的民间习惯或者商业惯例。适用习惯受到两个方面的限制：一是适用习

惯的前提是法律没有规定。所谓法律没有规定,就是相关的法律、行政法规、地方性法规对特定民事纠纷未作出规定。二是所适用的习惯不得违背公序良俗。因此,并非所有的习惯都可以作为处理民事纠纷的依据,只有不违背公序良俗的习惯才可以适用,当然适用习惯也不得违背法律的基本原则。

关联法规

《民法典》第 289 条、第 1015 条第 2 款

第十一条 【优先适用特别法】其他法律对民事关系有特别规定的,依照其规定。

条文注解

关于一般法与特别法的关系,《立法法》对此有专门规定。《立法法》第 92 条规定,同一机关制定的法律,特别规定与一般规定不一致的,适用特别规定。

对于民法典的规范适用问题,需要注意的是,首先,总则编也是一般性规定,其他各分编中对相同问题有特殊规定的,应当先适用其他各分编的规定。比如,总则编第 153 条、第 154 条属于一般规定,合同编第 497 条则属于特别规定,对于格式合同条款的效力问题,则应当优先适用合同编第 497 条的规定。其次,相对于其他民事单行法律而言,民法典的各分编则属于一般性规定,在民事单行法律有特别规定时,需要优先适用民事单行法律。比如,总则编第 188 条规定,向人民法院请求保护民事权利的诉讼时效期间为 3 年。法律另有规定的,依照其规定。最后,民法典中物权编、合同编、人格权编、婚姻家庭编、继承编、侵权责任编之间的相互关系,需要根据民法典的规定来确定适

用的法律规范。比如，合同编第464条第2款规定，婚姻、收养、监护等有关身份关系的协议，适用有关该身份关系的法律规定；没有规定的，可以根据其性质参照适用该编规定。

第十二条　【效力范围】中华人民共和国领域内的民事活动，适用中华人民共和国法律。法律另有规定的，依照其规定。

条文注解

中华人民共和国领域包括中华人民共和国领土、领空、领海，以及根据国际法视为我国领域的我国驻外使馆，国籍为中国的船舶、航空器等。在中华人民共和国领域内的民事活动，一般来说都得适用我国法律。

本条的但书规定，法律另有规定的，依照其规定。其中最为重要的就是涉外民事关系的法律适用问题，关于涉外民事关系的法律适用，《涉外民事关系法律适用法》有专门的规定。

关联法规

《涉外民事关系法律适用法》第3条，《海商法》第269条

第二章　自　然　人

第一节　民事权利能力和民事行为能力

第十三条　【自然人民事权利能力的起止】自然人从出生时起到死亡时止，具有民事权利能力，依法享有民事权利，承担民事义务。

条文注解

民事权利能力，是指民事主体参与民事法律关系，享有民事权利、承担民事义务的法律资格。法律规定了自然人的民事权利能力，也就确认了自然人的民事主体地位，这是自然人参与民事法律关系，依法享有民事权利、承担民事义务的前提。自然人的民事权利能力既包括自然人享有民事权利的资格，也包括自然人承担民事义务的资格。

通常认为，民事权利能力具有不可剥夺的特征。民事权利能力始于出生，终于死亡。自然人生存期间，其民事权利能力不会丧失、消灭。法律不会对自然人的民事权利能力进行限制或者剥夺。自然人受到刑事处罚、丧失民事行为能力，即使在监狱服刑，或者被判处剥夺政治权利，也并不导致民事权利能力的减损或者消灭，自然人的民事权利能力这一法律资格不受影响。

依据本条规定，自然人的民事权利能力始于出生，终于死亡。出生是自然人脱离母体并生存的法律事实。一般认为，出生须具备两项要件：一是胎儿与母体分离。与母体分离之前为胎儿，分离之后即成为法律上的人。二是与母体分离之际保有生命。胎儿与母体分离之际无生命的，是死体。分离之际保有生命的，即是“出生”，而无论其出生后生命延续的时间长短。

第十四条 【自然人民事权利能力平等】自然人的民事权利能力一律平等。

第十五条 【自然人出生和死亡时间的判断标准】自然人的出生时间和死亡时间，以出生证明、死亡证明记载的时间为准；没有出生证明、死亡证明的，以户籍登记或者其他有效身份登记记载的时间为准。有其他证据足以推翻以上记载时间的，以该证据证明的时间为准。

条文注解

本条将出生证明、死亡证明记载的时间作为确定自然人出生时间、死亡时间的最基本依据。

出生证明，即出生医学证明，记载有新生儿的姓名、性别、出生时间、父母姓名等。出生证明是记载出生时间的原始凭证，具有证明出生时间的准确性和规范性，因此本条将出生证明记载的时间作为确定自然人出生时间的最基本的依据。

死亡证明，是指有关单位出具的证明自然人死亡的文书。主要包括以下几类：公民死于医疗单位的，由医疗单位出具死亡医学证明书；公民正常死亡但无法取得医院出具的死亡证明的，由社区、村（居）委会或者基层卫生医疗机构出具证明；公民非正常死亡或者卫生部门不能确定是否属于正常死亡的，由公安司法部门出具死亡证明；死亡公民已经火化的，由殡葬部门出具火化证明。死亡证明是记载死亡时间的原始凭证，具有证明死亡时间的准确性和规范性，因此本条将死亡证明记载的时间作为确定自然人死亡时间的最基本的依据。

依据本条规定，没有出生证明、死亡证明的，以户籍登记或者其他有效身份登记记载的时间为准。户籍登记是国家公安机关按照国家户籍管理法律法规，对公民的身份信息进行登记记载的制度。

本条规定的户籍登记以外的其他有效身份登记，包括我国公民居住证、港澳同胞回乡证、台湾居民的有效旅行证件、外国人居留证等。

出生证明、死亡证明以及户籍登记或者其他有效身份登记记载的时间由于各种原因，也有可能出现记载错误的情况。如果有其他证据足以推翻出生证明、死亡证明以及户籍登记或者其他有效身份登记记载的时间的，应以该证据证明的时间为准。

关联法规

《户口登记条例》第7、8条,《居住证暂行条例》第2、4条,《出境入境管理法》第30、33条

第十六条 【胎儿利益的特殊保护】涉及遗产继承、接受赠与等胎儿利益保护的,胎儿视为具有民事权利能力。但是,胎儿娩出时为死体的,其民事权利能力自始不存在。

条文注解

自然人的民事权利能力始于出生,胎儿尚未与母体分离,不是独立的自然人,不能依据民事权利能力的一般规定进行保护。本条从法律上明确规定胎儿在特定情形下视为具有民事权利能力。

本条将胎儿利益保护的范围规定为"涉及遗产继承、接受赠与等胎儿利益保护的"。在这些情形下,胎儿视为具有民事权利能力。此处的"遗产继承"不仅包括法定继承,也包括遗嘱继承、遗赠。胎儿是法定继承人的,按照法定继承取得相应的遗产份额;有遗嘱的,胎儿按照遗嘱继承取得遗嘱确定的份额。胎儿不是法定继承人的,被继承人也可以立遗嘱将个人财产赠与胎儿,将来按遗赠办理,胎儿取得遗产继承权。"接受赠与",是指赠与人可以将财产赠与胎儿,胎儿此时视为具有民事权利能力,享有接受赠与的权利。除了遗产继承和接受赠与,实践中还有其他涉及胎儿利益保护的情况,因此本条用了一个"等"字,没有限定在继承范围以内,原则上也包括侵权等其他需要保护胎儿利益的情形。

第十七条 【成年人与未成年人的年龄标准】十八周岁以上的自然人为成年人。不满十八周岁的自然人为未成年人。

条文注解

区分成年人与未成年人的法律意义主要有以下几个方面：一是判断民事法律行为的效力。成年人可以独立实施民事法律行为，未成年人只可以独立实施部分民事法律行为，实施其他民事法律行为要经过法定代理人的同意或者追认。二是确定婚姻家庭关系中的权利义务。本法规定了父母、祖父母、外祖父母或者兄姐等近亲属对未成年人的抚养义务。三是设立监护。为了保护未成年人的人身、财产权利及其他合法权益，对未成年人应当设立监护人。父母是未成年人的监护人，未成年人的父母已经死亡或者没有监护能力的，依法由其他有监护能力的人担任监护人。但法律只对丧失或者部分丧失民事行为能力的成年人设立监护，依法确定监护人。

关联法规

《宪法》第34条，《未成年人保护法》第2条

第十八条　【完全民事行为能力人】成年人为完全民事行为能力人，可以独立实施民事法律行为。

十六周岁以上的未成年人，以自己的劳动收入为主要生活来源的，视为完全民事行为能力人。

条文注解

民事行为能力，是指民事主体独立参与民事活动，以自己的行为取得民事权利或者承担民事义务的法律资格。《民法典》根据自然人辨识能力的不同，将自然人的民事行为能力分为完全民事行为能力、限制民事行为能力和无民事行为能力。

依据本条第1款规定，成年人，即年满18周岁的自然人，具有完

全民事行为能力，为完全民事行为能力人，可以独立实施民事法律行为，并独立对民事法律行为的法律后果负责。但是，本条规定的成年人是指辨认识别能力正常的成年人，对于辨认识别能力不足的成年人则根据具体情况的不同归为限制民事行为能力人或者无民事行为能力人，不属于本条规定的范围。

依据本条第 2 款规定，16 周岁以上的未成年人，如果以自己的劳动收入为主要生活来源的，表明其已经具备成年人的辨识能力，可以独立实施民事法律行为，独立承担民事法律行为的后果，因此可以视为完全民事行为能力人。

关联法规

《劳动法》第 15 条，《预防未成年人犯罪法》第 12 条

第十九条 【限制民事行为能力的未成年人】八周岁以上的未成年人为限制民事行为能力人，实施民事法律行为由其法定代理人代理或者经其法定代理人同意、追认；但是，可以独立实施纯获利益的民事法律行为或者与其年龄、智力相适应的民事法律行为。

条文注解

依据本条规定，8 周岁以上的未成年人为限制民事行为能力人，心智发育仍然不够成熟，实施民事法律行为一般应当由其法定代理人代理，或者经其法定代理人同意、追认。同意，是指事前同意，即限制民事行为能力的未成年人实施民事法律行为要经法定代理人的事前同意；追认，是指事后追认，即限制民事行为能力的未成年人实施的民事法律行为要经过法定代理人的事后追认，才能对该未成年人发生效力。但是，8 周岁以上的未成年人已经具有一定的辨认识别能力，法律

应当允许其独立实施一定的民事法律行为。可以独立实施的民事法律行为包括两类：一类是纯获利益的民事法律行为，如接受赠与等。限制民事行为能力的未成年人通常不会因这类行为遭受不利益，可以独立实施。另一类是与其年龄、智力相适应的民事法律行为，如8周岁的儿童购买学习用品等。限制民事行为能力的未成年人对实施这类行为有相应的认知能力，可以独立实施。

关联法规

《广告法》第33条，《公证法》第31条，《保险法》第39条，《婚姻登记条例》第12条

第二十条 【无民事行为能力的未成年人】不满八周岁的未成年人为无民事行为能力人，由其法定代理人代理实施民事法律行为。

条文注解

依据本条规定，8周岁以下的儿童不具有独立从事民事法律行为的资格，要由其法定代理人代理实施民事法律行为。例如，不满8周岁的儿童购买玩具的行为，都需要由父母等法定代理人代理实施。

第二十一条 【无民事行为能力的成年人】不能辨认自己行为的成年人为无民事行为能力人，由其法定代理人代理实施民事法律行为。

八周岁以上的未成年人不能辨认自己行为的，适用前款规定。

条文注解

本法根据认识判断能力的不同,对这些成年人作了进一步的区分,分为两类:一是不能辨认自己行为的成年人;二是不能完全辨认自己行为的成年人。不能辨认自己行为的成年人指对普通的事物和行为欠缺基本的认识判断能力,也不能正常预见自己行为的法律后果的成年人。不能完全辨认自己行为的成年人是指对比较复杂的行为不能作出正确的认识判断,也不能完全预见到自己行为的法律后果的成年人。第一类成年人即为无民事行为能力人,由本条第1款作出规定。第二类成年人为限制民事行为能力人,由第22条作出规定。

需要注意的是,本条第1款中的"不能辨认自己行为"和第22条中的"不能完全辨认自己行为",是指辨认识别能力不足处于一种持续的状态,不能是暂行性或者短暂的状态,如因酗酒、滥用麻醉用品或者精神药品,对自己的行为暂时没有辨认识别能力的成年人,不属于本法所称的无民事行为能力人或者限制民事行为能力人。

第二十二条 【限制民事行为能力的成年人】不能完全辨认自己行为的成年人为限制民事行为能力人,实施民事法律行为由其法定代理人代理或者经其法定代理人同意、追认;但是,可以独立实施纯获利益的民事法律行为或者与其智力、精神健康状况相适应的民事法律行为。

条文注解

因智力障碍、精神障碍以及其他疾病导致不能完全辨认自己行为的成年人,均为限制民事行为能力人。限制民事行为能力的成年人对普通的事物和行为有基本的认识判断能力,但对于比较复杂的事物或者比较重大的行为缺乏判断能力和自我保护能力,并且不能预见其行为后果。限制民事行为能力的成年人实施民事法律行为一般由其法定代理人代理或者经其法定代理人同意、追认，但也可以独立实施一定的民事法律行为。

关于“与其智力、精神健康状况相适应”的认定，应当结合限制民事行为能力的成年人的智力、精神健康状况、行为的性质、标的数额等因素综合判断，具体情况具体分析，没有统一的标准。如果该成年人所从事的民事法律行为与其智力、精神健康状况不相适应，需经其法定代理人事前同意或者事后追认；如果该成年人所从事的民事法律行为与其智力、精神健康状况相适应，不需经其法定代理人同意或者追认，即为有效。

第二十三条　【法定代理人】无民事行为能力人、限制民事行为能力人的监护人是其法定代理人。

第二十四条　【无民事行为能力人或限制民事行为能力人的认定与恢复】不能辨认或者不能完全辨认自己行为的成年人，其利害关系人或者有关组织，可以向人民法院申请认定该成年人为无民事行为能力人或者限制民事行为能力人。

被人民法院认定为无民事行为能力人或者限制民事行为能力人的，经本人、利害关系人或者有关组织申请，人民法院可以根据其智力、精神健康恢复的状况，认定该成年人恢复为限制民事行为能力人或者完全民事行为能力人。

本条规定的有关组织包括：居民委员会、村民委员会、学校、医疗机构、妇女联合会、残疾人联合会、依法设立的老年人组织、民政部门等。

条文注解

本条规定针对的是不能辨认或者不能完全辨认自己行为的成年人。未成年人虽然也有无民事行为能力人或者限制民事行为能力人，但未成年人辨认识别能力不足主要是年龄的原因，随着年龄的增长，社会阅历和知识会不断增加，到了18周岁自然就成为完全民事行为能力人。而无民事行为能力或者限制民事行为能力的成年人辨认识别能力不足，往往是因为先天因素或者疾病、事故原因造成的，短时期内难以恢复，有的甚至是不可逆转的。将不能辨认或者不能完全辨认自己行为的成年人，认定为无民事行为能力人或者限制民事行为能力人，一是对该成年人就可以依照法定程序选任监护人，保护其人身权益、财产权益及其他合法权益。二是法定代理人可以通过主张该成年人所实施的民事法律行为无效，或者撤销该民事法律行为，避免该成年人的权益受到损害。三是有利于保护交易安全。交易相对人可以事先决定是否与该成年人进行交易。如果在不知情的情况下进行了交易，相对人也可以通过催告法定代理人及时予以追认或者依法撤销该民事法律行为，尽快确定民事法律行为的效力。

依据本条规定，该认定需要向法院提出申请，并需要由法院作出判决，主要原因是无民事行为能力或者限制民事行为能力的认定对成年人的权益影响重大。将成年人认定为无民事行为能力人或者限制民事行为能力人，既是对辨认识别能力不足的成年人的保护，也是对这些成年人自由实施民事法律行为的限制，因此必须通过法定程序进行。此外，这些成年人辨认识别能力缺失的程度也有所不同，一般人难以认定，宜由法院综合各方面情况作出判断。

需要注意的是，利害关系人的情况比较复杂，其具体范围无法通过立法明确规定，应当具体情况具体分析。一般而言，对于第1款规定的“利害关系人”的范围，主要包括本人的近亲属、债权债务人等。对于第2款规定的“利害关系人”的范围，主要包括本人的监护人、债权债务人等。但具体案件中，这些主体是否都有资格向法院提出申请，也要在个案中根据实际情况作出判断。认定利害关系人是不是适格的申请主体，需要看本人的民事行为能力状况对其是否有重要意义或者影响。例如，本人的债务人如果不是为了确定民事法律行为的效力，也不得向法院申请认定其为无民事行为能力人、限制民事行为能力人。

关联法规

《民事诉讼法》第187~189条

第二十五条 【自然人的住所】自然人以户籍登记或者其他有效身份登记记载的居所为住所；经常居所与住所不一致的，经常居所视为住所。

条文注解

住所，是指民事主体进行民事活动的中心场所或者主要场所。自然人的住所一般指自然人长期居住、较为固定的居所。自然人的住所对婚姻登记、宣告失踪、宣告死亡、债务履行地、司法管辖、诉讼送达等具有重要的法律意义。居所，是指自然人实际居住的一定处所，其与住所的区别是，一个自然人可以同时有两个或者多个居所，但只能有一个住所。一般的居所都是自然人临时居住，为暂时性的，住所则为长期固定的。

依据本条规定，自然人以户籍登记或者其他有效身份登记记载的居所为住所，“其他有效身份登记”主要包括居住证和外国人的有效居留证件等。

关联法规

《户口登记条例》第 6 条,《居住证暂行条例》第 2、4 条,《民事诉讼法》第 21、22 条

第二节　监　　护

第二十六条　【父母子女之间的法律义务】父母对未成年子女负有抚养、教育和保护的义务。

成年子女对父母负有赡养、扶助和保护的义务。

关联法规

《宪法》第 49 条,《老年人权益保障法》第 14 条,《教育法》第 50 条,《未成年人保护法》第 10、12 条

第二十七条　【未成年人的监护人】父母是未成年子女的监护人。

未成年人的父母已经死亡或者没有监护能力的,由下列有监护能力的人按顺序担任监护人:

(一)祖父母、外祖父母;

(二)兄、姐;

(三)其他愿意担任监护人的个人或者组织,但是须经未成年人住所地的居民委员会、村民委员会或者民政部门同意。

条文注解

本条第 1 款规定,父母无条件地成为未成年人的法定监护人。只有在父母死亡或者没有监护能力的情况下,才可以由其他个人或者有

关组织担任监护人。

本条第2款对父母之外的其他个人或者组织担任监护人作出规定。第2款在民法通则相关规定的基础上,主要从两个方面进行了完善:一是规定父母之外具有监护能力的人"按顺序"担任监护人;二是增加了有关"组织"担任监护人的规定。

实践中,有些情况下具有监护资格的人互相推脱,都不愿意担任监护人,导致监护无从设立,无民事行为能力人或者限制民事行为能力人的权益得不到保护。针对以上问题,本条明确具有监护资格的人按照顺序担任监护人,主要目的在于防止具有监护资格的人之间互相推卸责任。如果两个或者两个以上具有监护资格的人,都愿意担任监护人,也可以按照本条规定的顺序确定监护人,或者依照本法第30条规定进行协商;协商不成的,按照本法第31条规定的监护争议解决程序处理,由居民委员会、村民委员会、民政部门或者人民法院按照最有利于被监护人的原则指定监护人,不受本条规定的"顺序"的限制,但仍可作为依据。

第二十八条　【无、限制民事行为能力的成年人的监护人】无民事行为能力或者限制民事行为能力的成年人,由下列有监护能力的人按顺序担任监护人:

(一)配偶;

(二)父母、子女;

(三)其他近亲属;

(四)其他愿意担任监护人的个人或者组织,但是须经被监护人住所地的居民委员会、村民委员会或者民政部门同意。

条文注解

本条规定的需要设立监护的成年人为无民事行为能力人或者限制民事行为能力人,包括因智力、精神障碍以及因年老、疾病等各种原因,导致辨识能力不足的成年人。对成年人监护,要正确区分失能与失智的区别。失能是失去生活自理能力,失智即辨识能力不足。失能的成年人未必需要监护,只有失智的成年人需要监护。此外,还应当区分长期照护(护理)和监护的区别:从对象上来看,照护的对象既包括失智成年人,也包括失能成年人;监护的对象仅针对失智成年人。从内容上来看,照护仅限于生活上的照料和安全上的保护,不涉及人身权益保护的安排、财产的管理等事项;监护是对失智成年人人身、财产等各方面权益的保护和安排。

第二十九条 【遗嘱指定监护人】被监护人的父母担任监护人的,可以通过遗嘱指定监护人。

条文注解

依据本条规定,被监护人(包括未成年人、无民事行为能力或者限制民事行为能力的成年人)的父母可以通过立遗嘱的形式为被监护人指定监护人,但前提是被监护人的父母正在担任着监护人,如果父母因丧失监护能力没有担任监护人,或者因侵害被监护人合法权益被撤销监护人资格等不再担任监护人的,父母已不宜再通过立遗嘱的形式为被监护人指定监护人。

关于遗嘱指定监护与法定监护的关系,一般来说,遗嘱指定监护具有优先地位。遗嘱指定监护是父母通过立遗嘱选择值得信任并对保护被监护人权益最为有利的人担任监护人,应当优先于本法第27条、第28条规定的法定监护。遗嘱指定的监护人,也应当不限于本法

第27条、第28条规定的具有监护资格的人。但是，遗嘱指定的监护人应当具有监护能力，能够履行监护职责。如果遗嘱指定后，客观情况发生变化，遗嘱指定的监护人因患病等原因丧失监护能力，或者因出国等各种原因不能够履行监护职责，就不能执行遗嘱指定监护，应当依法另行确定监护人。

第三十条 【协议确定监护人】依法具有监护资格的人之间可以协议确定监护人。协议确定监护人应当尊重被监护人的真实意愿。

条文注解

协议监护是确定监护人的方式之一，依据本条规定，协议监护具有以下几个特点：第一，协议主体必须是依法具有监护资格的人，即本法第27条、第28条规定的具有监护资格的人。未成年人的父母有监护能力的，不得与其他人签订协议，确定由其他人担任监护人，推卸自身责任。对于未成年人，协议监护只限于父母死亡或者没有监护能力的情况，协议的主体为：(1)祖父母、外祖父母；(2)兄、姐；(3)经未成年人住所地的居民委员会、村民委员会或者民政部门同意的其他愿意担任监护人的个人或者有关组织。对于父母丧失监护能力的，父母可以不作为协议监护的主体，但对协议确定监护人也可以提出自己的意见，具有监护资格的人在协议确定未成年人的监护时，从有利于保护被监护人的利益出发，应当尽量予以尊重。对于无民事行为能力或者限制民事行为能力的成年人，协议的主体为：(1)配偶；(2)父母、子女；(3)其他近亲属；(4)经该成年人住所地的居民委员会、村民委员会或者民政部门同意的其他愿意担任监护人的个人或者有关组织。第二，协议确定的监护人必须从具有监护资格的人之间产生，不得在法律规定的具有监护资格的人之外确定监护人。在具有监护资格的人之外确定监护人的,协议监护无效。第三,协议监护是具有监护资格的人合意的结果,合意产生后,由协议确定的监护人担任监护人,履行监护职责。监护人一旦确定,即不得擅自变更,否则要承担相应的法律责任。

协议确定监护人对被监护人的利益影响重大,应当充分尊重被监护人的真实意愿。被监护人都是无民事行为能力人或者限制民事行为能力人,“尊重被监护人的真实意愿”不是简单地征求被监护人的意见,要结合多种情况进行综合考量判断,探求其内心真实的愿望。限制民事行为能力的未成年人和成年人已经具备了一定的认知判断能力以及较强的表达能力,协议确定监护人应当直接听取其意见,并对其意见是否反映其真实意愿,结合其他一些因素,如是否受到胁迫等进行判断。无民事行为能力的被监护人,不具有独立的认知判断能力,但这不意味着这些被监护人没有真实意愿。对于无民事行为能力的被监护人,也应当结合各种情况,例如,被监护人与哪一个具有监护资格的人生活联系最为密切等因素,去发现并充分尊重被监护人的真实意愿,这对于保护被监护人的身心健康,具有重要意义。

第三十一条 【监护争议解决程序】对监护人的确定有争议的,由被监护人住所地的居民委员会、村民委员会或者民政部门指定监护人,有关当事人对指定不服的,可以向人民法院申请指定监护人;有关当事人也可以直接向人民法院申请指定监护人。

居民委员会、村民委员会、民政部门或者人民法院应当尊重被监护人的真实意愿,按照最有利于被监护人的原则在依法具有监护资格的人中指定监护人。

依据本条第一款规定指定监护人前，被监护人的人身权利、财产权利以及其他合法权益处于无人保护状态的，由被监护人住所地的居民委员会、村民委员会、法律规定的有关组织或者民政部门担任临时监护人。

监护人被指定后，不得擅自变更；擅自变更的，不免除被指定的监护人的责任。

条文注解

本条第1款规定了对监护人的确定有争议情况下的两种解决途径：(1)由被监护人住所地的居民委员会、村民委员会或者民政部门指定监护人。该指定并没有终局效力。有关当事人对该指定不服的，可以向法院提出申请，由法院指定监护人。法院的指定具有终局效力，被指定的监护人应当履行监护职责，不得推卸。(2)有关当事人可以不经居民委员会、村民委员会或者民政部门的指定，直接向法院提出申请，由法院指定监护人。本款规定的“对监护人的确定有争议的”既包括争当监护人的情况，也包括推卸拒不担当监护人的情况，主要包括以下几类情形：①具有监护资格的人均认为自己适合担任监护人，争当监护人；②按照本法第27条、第28条规定的顺序应当担任监护人的，认为自己没有监护能力，无法履行监护职责或者认为其他具有监护资格的人更适宜担任监护人的；③后一顺序具有监护资格的人要求前一顺序具有监护资格的人依法履行监护职责的；④具有监护资格的人均推卸监护职责，拒不担当监护人的情况。对此，居民委员会、村民委员会或者民政部门应当介入，切实履行起指定监护的职责，依法指定监护人。本款中的两处“有关当事人”是指对监护人的确定有争议的当事人。

本条第2款规定了居民委员会、村民委员会、民政部门或者人民法院指定监护人的原则:(1)应当尊重被监护人的真实意愿;(2)要按照最有利于被监护人的原则指定。"按照最有利于被监护人的原则"指定,是指居民委员会、村民委员会、民政部门或者人民法院指定监护人并不需要遵照本法第27条第2款、第28条规定的顺序,而应当结合具有监护资格的人与被监护人的生活情感联系、有无利害冲突,具有监护资格的人的品行、身体状况、经济条件以及能够为被监护人提供的教育水平或者生活照料措施等,综合进行判断,并尊重被监护人的真实意愿,选择最有利于被监护人健康成长或者健康恢复、最利于保护被监护人合法权益的人担任监护人。

本条第3款规定了临时监护制度。依据本条规定,临时监护人由被监护人住所地的居民委员会、村民委员会、法律规定的有关组织或者民政部门担任。本款中的"依据本条第一款规定指定监护人前"应当从宽理解,不能仅限于监护争议解决期间。从时间点上,应当包括以下两个期间:(1)监护争议解决程序启动之后,即居民委员会、村民委员会、民政部门开始处理监护争议或者人民法院受理监护申请之后,至指定监护人之前的期间;(2)监护争议解决程序启动之前,只要发现因无人履行监护职责,被监护人的合法权益处于无人保护状态的,就由本条规定的居民委员会、村民委员会、法律规定的有关组织或者民政部门担任临时监护人,随后再依法启动监护争议解决程序,指定监护人。

本条第4款规定了指定监护的法律效力。依照监护争议解决程序,由居民委员会、村民委员会、民政部门或者人民法院指定监护人后,被指定的监护人应当履行监护职责,不得推卸,也不得擅自变更。如果擅自变更为由其他人担任监护人的,不免除被指定的监护人的责任。被监护人侵害他人的合法权益,或者被监护人自身受到损害的,被指定的监护人仍应当承担责任,擅自变更后的监护人也要根据过错程度承担相应的责任。

第三十二条　【公职监护人】没有依法具有监护资格的人的，监护人由民政部门担任，也可以由具备履行监护职责条件的被监护人住所地的居民委员会、村民委员会担任。

条文注解

本条规定的“没有依法具有监护资格的人的”，主要指没有本法第27条、第28条规定的具有监护资格的人的情况，即被监护人的父母死亡或者没有监护能力，也没有其他近亲属，或者其他近亲属都没有监护能力，而且还没有符合条件的其他愿意担任监护人的个人或者组织。如果存在具有监护资格的人，但其拒绝担任监护人的，不适用本条规定。

第三十三条　【意定监护】具有完全民事行为能力的成年人，可以与其近亲属、其他愿意担任监护人的个人或者组织事先协商，以书面形式确定自己的监护人，在自己丧失或者部分丧失民事行为能力时，由该监护人履行监护职责。

条文注解

意定监护是在监护领域对自愿原则的贯彻落实，是具有完全民事行为能力的成年人对自己将来的监护事务，按照自己的意愿事先所作的安排。依据本条规定，具有完全民事行为能力的成年人确定自己丧失或者部分丧失民事行为能力时的监护人，应当事先取得被选择方的认可，即经双方协商一致。意定监护对被监护人的权益影响很大，应以书面方式为宜，明确写明经双方认可的内容，对于其真实性、合法性加以保障，从根源上减少意定监护纠纷。

意定监护作为一种确定监护人的方式，是相对于法定监护来说的。意定监护是对成年人完全基于自己意愿选择监护人的尊重，自己意愿是起决定性的；法定监护是基于法律规定的条件和程序确定监护人，本法第27条至第32条对此作了规定。需要注意的是，意定监护不同于本法第30条规定的协议确定监护人，后者仍然属于法定监护方式，协议的主体是具有监护资格的人。一般而言，意定监护优先于法定监护予以适用。法律设立意定监护制度即是要尊重成年人自己的意愿，当然具有优先适用的地位。只有在意定监护协议无效或者因各种原因，例如，协议确定的监护人丧失监护能力，监护协议无法履行的情况下，才适用法定监护。

关联法规

《老年人权益保障法》第26条

第三十四条　【监护人的职责与权利及临时生活照料措施】监护人的职责是代理被监护人实施民事法律行为，保护被监护人的人身权利、财产权利以及其他合法权益等。

监护人依法履行监护职责产生的权利，受法律保护。

监护人不履行监护职责或者侵害被监护人合法权益的，应当承担法律责任。

因发生突发事件等紧急情况，监护人暂时无法履行监护职责，被监护人的生活处于无人照料状态的，被监护人住所地的居民委员会、村民委员会或者民政部门应当为被监护人安排必要的临时生活照料措施。

条文注解

本条第1款规定了监护人的职责，监护人保护被监护人的人身权利、财产权利以及其他合法权益的职责，主要包括：保护被监护人的身心健康，促进未成年人的健康成长，对成年被监护人也要积极促进其健康状况的恢复；照顾被监护人的生活；管理和保护被监护人的财产；对被监护人进行教育和必要的管理；在被监护人合法权益受到侵害或者与人发生争议时，代理其进行诉讼等。

本条第2款规定了监护人因履行监护职责所产生的权利。监护人在履行监护职责的过程中，也会因此享有一定的权利。例如，监护人为保护被监护人的人身权益，享有医疗方案的同意权；监护人为了保护被监护人财产权益，享有财产的管理和支配权；被监护人合法权益受到侵害或者与人发生争议时，代理被监护人参加诉讼的权利等。监护人享有这些权利，是为履行监护职责所需要，目的还是保护被监护人的人身、财产权利及其他合法权益。监护人行使这些权利时，其他人不得侵害或者剥夺。

本条第3款规定了监护人的责任，主要包括两个方面：一是对被监护人的侵权行为承担责任。本法第1188条规定，无民事行为能力人、限制民事行为能力人造成他人损害的，由监护人承担侵权责任。监护人尽到监护职责的，可以减轻其侵权责任。有财产的无民事行为能力人、限制民事行为能力人造成他人损害的，从本人财产中支付赔偿费用。不足部分，由监护人赔偿。二是监护人不履行监护职责或者侵害被监护人合法权益，造成被监护人人身、财产损害的，应当承担民事责任。本法第179条对承担民事责任的主要方式作出规定，包括停止侵害、赔偿损失等。

本条第4款规定了临时生活照料。因发生疫情等突发事件的紧急情况，监护人因被隔离、治疗或者其他原因，暂时无法履行监护职责，此时被监护人的生活如果处于无人照料状态的，为了被监护人的利益，居民委员会、村民委员会或者政府部门就应当安排对被监护人进行临时生活照料。这里的“突发事件”，是指《突发事件应对法》中规定的，突然发生，造成或者可能造成严重社会危害，需要采取应急处置措施予以应对的自然灾害、事故灾难、公共卫生事件和社会安全事件。

安排临时生活照料措施与民事监护中的临时监护制度不同，临时生活照料措施主要就是对被监护人进行生活照料，而临时监护则除了照料生活之外，还有许多情况需要处理，可能涉及一些被监护人的权利义务上的重大决定，这是临时生活照料措施解决不了的。

关联法规

《未成年人保护法》第 11、13 条，《精神卫生法》第 30、49 条，《广告法》第 33 条，《母婴保健法》第 19 条，《突发事件应对法》

第三十五条 【监护人履行职责的原则与要求】监护人应当按照最有利于被监护人的原则履行监护职责。监护人除为维护被监护人利益外，不得处分被监护人的财产。

未成年人的监护人履行监护职责，在作出与被监护人利益有关的决定时，应当根据被监护人的年龄和智力状况，尊重被监护人的真实意愿。

成年人的监护人履行监护职责，应当最大程度地尊重被监护人的真实意愿，保障并协助被监护人实施与其智力、精神健康状况相适应的民事法律行为。对被监护人有能力独立处理的事务，监护人不得干涉。

第三十六条 【撤销监护人资格】监护人有下列情形之一的，人民法院根据有关个人或者组织的申请，撤销其监护人资格，安排必要的临时监护措施，并按照最有利于被监护人的原则依法指定监护人：

（一）实施严重损害被监护人身心健康的行为；

（二）怠于履行监护职责，或者无法履行监护职责且拒绝将监护职责部分或者全部委托给他人，导致被监护人处于危困状态；

（三）实施严重侵害被监护人合法权益的其他行为。

本条规定的有关个人、组织包括：其他依法具有监护资格的人，居民委员会、村民委员会、学校、医疗机构、妇女联合会、残疾人联合会、未成年人保护组织、依法设立的老年人组织、民政部门等。

前款规定的个人和民政部门以外的组织未及时向人民法院申请撤销监护人资格的，民政部门应当向人民法院申请。

条文注解

本条第1款规定了撤销监护人资格诉讼的适用情形。一是实施严重损害被监护人身心健康行为的，如性侵害、出卖、遗弃、虐待、暴力伤害被监护人等。二是怠于履行监护职责，或者无法履行监护职责且拒绝将监护职责部分或者全部委托给他人，导致被监护人处于危困状态的。例如，父母有吸毒、赌博等恶习，怠于履行监护职责，导致儿童面临严重危险等。三是兜底性规定，只要有严重侵害被监护人合法权益行为的，均可以撤销监护人资格。例如，教唆、利用未成年人实施违法犯罪行为等。

本条第2款对有权向法院申请撤销监护人资格的主体作出规定，“其他依法具有监护资格的人”主要依据本法第27条、第28条的规定确定。

本条第3款对兜底性的申请主体作出规定。当第2款规定的个人和民政部门以外的组织因各种原因未及时向人民法院提出撤销监护人资格的申请，导致被监护人的合法权益无法得到保护。则民政部门应当承担起向法院申请撤销监护人资格的职责。要正确理解本款与第2款赋予民政部门申请主体资格的关系。民政部门只要是发现具有严重侵害被监护人合法权益的情形,即可依据本条第 2 款规定,向法院申请撤销监护人资格,不需要等到其他个人或者组织都不向法院申请之后再行申请。如果其他个人或者组织都不向法院申请撤销监护人资格,此时,民政部门应当依照第 3 款规定,主动向法院提出申请。

关联法规

《反家庭暴力法》第 21 条,《未成年人保护法》第 6、53 条

第三十七条 【监护人资格被撤销后负担义务不免除】依法负担被监护人抚养费、赡养费、扶养费的父母、子女、配偶等,被人民法院撤销监护人资格后,应当继续履行负担的义务。

条文注解

实践中,监护人往往由父母、子女、配偶等法定扶养义务人担任。监护人被撤销监护人资格后,就不能再继续履行监护职责。但法定扶养义务是基于血缘等关系确立的法律义务,该义务不因监护人资格的撤销而免除。

关联法规

《未成年人保护法》第 53 条,《反家庭暴力法》第 21 条

第三十八条 【恢复监护人资格】被监护人的父母或者子女被人民法院撤销监护人资格后,除对被监护人实施故意犯罪的外,确有悔改表现的,经其申请,人民法院可以在尊重被监护人真实意愿的前提下,视情况恢复其监护人资格,人民法院指定的监护人与被监护人的监护关系同时终止。

条文注解

依据本条规定，恢复监护人资格必须要向法院申请，由人民法院决定是否予以恢复。父母与子女是最近的直系亲属关系，本条适用的对象仅限于被监护人的父母或者子女，其他个人或者组织的监护人资格一旦被撤销，即不再恢复。被监护人的父母或者子女被撤销监护人资格后，再恢复监护人资格还需要满足以下几个条件：一是没有对被监护人实施故意犯罪的情形，如对被监护人实施性侵害、虐待、遗弃被监护人等构成刑事犯罪的，不得恢复监护人资格。但对因过失犯罪，例如，因过失导致被监护人受到伤害等被撤销监护人资格的，则可以根据具体情况来判断是否恢复监护人资格。二是确有悔改表现，即被监护人的父母或者子女不但要有悔改的意愿，还要有实际的悔改表现，这需要由人民法院根据具体情形予以判断。三是要尊重被监护人的真实意愿，如果被监护人不愿意父母或者子女继续担任监护人的，则不得恢复监护人资格。四是即使符合以上条件，法院也还需要综合考虑各方面情况，从有利于被监护人权益保护的角度，决定是否恢复监护人资格。

关联法规

《最高人民法院、最高人民检察院、公安部、民政部关于依法处理监护人侵害未成年人权益行为若干问题的意见》第 40 条

第三十九条　【监护关系终止的情形】有下列情形之一的，监护关系终止：

（一）被监护人取得或者恢复完全民事行为能力；

（二）监护人丧失监护能力；

（三）被监护人或者监护人死亡；

（四）人民法院认定监护关系终止的其他情形。

监护关系终止后，被监护人仍然需要监护的，应当依法另行确定监护人。

条文注解

本条第1款对监护关系的终止列举了三类典型情形，并作了兜底性规定：(1)被监护人取得或者恢复完全民事行为能力。(2)监护人丧失监护能力。监护人丧失监护能力的情形较为复杂，需要根据具体情况具体判断，例如，监护人因疾病成为无民事行为能力人，即丧失了监护能力。(3)被监护人或者监护人死亡。监护关系即自动终止。(4)人民法院认定监护关系终止的其他情形。包括监护人资格被人民法院撤销，有正当理由向法院申请变更监护人并得到法院许可等。

对于监护人死亡或者丧失监护能力等情形，可以依照本法第27~32条重新确定监护人。对于撤销监护人资格的，由人民法院依照本法第36条的规定，按照最有利于被监护人的原则依法指定监护人。

第三节 宣告失踪和宣告死亡

第四十条 【宣告失踪的条件】自然人下落不明满二年的，利害关系人可以向人民法院申请宣告该自然人为失踪人。

条文注解

宣告失踪，是指自然人下落不明达到法定的期限，经利害关系人申请，人民法院依照法定程序宣告其为失踪人的一项制度。自然人的失踪将使与其相关的法律关系处于不确定状态，法律设立宣告失踪制度，就是为了调整这种不确定状态，保护相关当事人的利益。通过设立宣告失踪制度，由人民法院宣告自然人失踪，以结束失踪人财产无人管理以及其应当履行的义务不能得到及时履行的不确定状态，保护失踪人和利害关系人的利益，维护社会经济秩序的稳定。

宣告失踪在法律效果上对自然人的财产利益产生重大影响，必须由司法机关经过严格程序来进行。因此，宣告失踪只能由人民法院作出，其他任何机关和个人无权作出宣告失踪的决定。依照《民事诉讼法》的规定，人民法院审理宣告失踪案件，适用特别程序。依照《民事诉讼法》第185条的规定，人民法院受理宣告失踪案件后，应当发出寻找下落不明人的公告。宣告失踪的公告期间为3个月。公告期间届满，人民法院应当根据被宣告失踪的事实是否得到确认，作出宣告失踪的判决或者驳回申请的判决。

关联法规

《民事诉讼法》第185条，《最高人民法院关于适用〈中华人民共和国民事诉讼法〉的解释》第347条

第四十一条 【下落不明的时间计算】自然人下落不明的时间自其失去音讯之日起计算。战争期间下落不明的，下落不明的时间自战争结束之日或者有关机关确定的下落不明之日起计算。

条文注解

本条关于下落不明的时间如何计算的规定，虽然规定在宣告失踪条件的规定之后，但不仅适用于宣告失踪的情形，也适用于宣告死亡的情形。

第四十二条 【失踪人的财产代管人】失踪人的财产由其配偶、成年子女、父母或者其他愿意担任财产代管人的人代管。

代管有争议，没有前款规定的人，或者前款规定的人无代管能力的，由人民法院指定的人代管。

条文注解

法律设立宣告失踪制度，主要目的就是结束失踪人财产无人管理以及其应当履行的义务不能得到及时履行的不确定状态，这既是对失踪人利益的保护，同时也是对失踪人的债权人等利害关系人合法权益的保护。

本条规定的“其他愿意担任财产代管人的人”，既包括其他亲属、朋友，也包括有关组织。

关联法规

《最高人民法院关于适用〈中华人民共和国民事诉讼法〉的解释》第343条

第四十三条 【财产代管人的职责】财产代管人应当妥善管理失踪人的财产，维护其财产权益。

失踪人所欠税款、债务和应付的其他费用，由财产代管人从失踪人的财产中支付。

财产代管人因故意或者重大过失造成失踪人财产损失的，应当承担赔偿责任。

条文注解

财产代管人负有像对待自己事务一样的注意义务，来管理失踪人的财产，既包括对失踪人财产的保管，也包括作为代理人收取失踪人的到期债权。与其他有偿的法律关系不同，财产代管人管理失踪人的财产并非合同约定，而是直接来自法律的规定，代管财产的目的也不是从中获利，该种管理财产的行为通常是无偿的。因此，本条对此规定得也较为原则，财产代管人管理失踪人的财产，只要尽到善良管理人的义务，即能够像管理自己的事务一样管理失踪人的财产，就满足了法律规定的要求。

本条第2款是对财产代管人履行失踪人应当履行的义务的规定。财产代管人的职责不仅是维护失踪人的财产权益，还包括代失踪人履行义务，即依照本条规定，从失踪人的财产中支付失踪人所欠税款、债务和应付的其他费用。这里的“其他费用”包括赡养费、扶养费、抚育费和因代管财产所需的管理费等必要的费用。

本条第3款是对财产代管人造成失踪人财产损失，应当承担赔偿责任的规定。代管人应当根据有利于保护失踪人财产的原则管好失踪人的财产，不得滥用代管权对失踪人的财产挥霍浪费、挪用谋利或者将失踪人的财产据为己有，侵犯失踪人的财产权益。

关联法规

《民事诉讼法》第185条

第四十四条　【财产代管人的变更】财产代管人不履行代管职责、侵害失踪人财产权益或者丧失代管能力的，失踪人的利害关系人可以向人民法院申请变更财产代管人。

财产代管人有正当理由的，可以向人民法院申请变更财产代管人。

人民法院变更财产代管人的，变更后的财产代管人有权请求原财产代管人及时移交有关财产并报告财产代管情况。

条文注解

依照本条第1款的规定,如果出现财产代管人不履行代管职责、侵害失踪人财产权益或者丧失代管能力等事由,表明该财产代管人已经不再适格,则失踪人的利害关系人就可以向人民法院申请变更财产代管人。财产代管人不履行职责,既可以表现为不行使失踪人权利,如不收取失踪人债权,也可以表现为不履行失踪人应当履行的义务,如清偿债务、缴纳税款等。侵害失踪人财产权益,可以表现为不当处分失踪人的财产,滥用代管权对失踪人的财产挥霍浪费,与他人恶意串通侵夺失踪人的财产等。财产代管人丧失了代管能力,可以表现为财产代管人丧失了行为能力。出现上述情形,明显对失踪人不利,甚至会严重侵害失踪人的财产利益。因此,本条第1款规定这些情况下失踪人的利害关系人可以向人民法院申请变更财产代管人。这里的利害关系人既包括失踪人的近亲属,也包括其他利害关系人,如失踪人的债权人。

财产代管人确定后,一般情况下不得变更,如果有本条第1款情形的,失踪人的利害关系人可以向人民法院申请变更财产代管人。但实践中还会出现一种情况,就是财产代管人有正当理由,如由于工作、学习等原因离开财产所在地,无法再继续履行财产代管职责,此时,应当允许其向人民法院申请变更财产代管人。本条第2款对此作了明确规定。

关联法规

《最高人民法院关于适用〈中华人民共和国民事诉讼法〉的解释》第344条

第四十五条 【失踪宣告的撤销】失踪人重新出现,经本人或者利害关系人申请,人民法院应当撤销失踪宣告。

失踪人重新出现，有权请求财产代管人及时移交有关财产并报告财产代管情况。

条文注解

本条第1款规定的是失踪宣告撤销的条件。一是失踪人重新出现。自然人因失去音讯下落不明而被宣告失踪，失踪宣告的撤销自然就要以这种状态的消除为条件。民法通则规定的是“被宣告失踪的人重新出现或者确知他的下落”，在民法总则的立法过程中，有的意见提出，确知失踪人的下落，也可以理解为失踪人重新出现。立法机关采纳了这种意见。这里失踪人重新出现的含义，即是重新得到了失踪人的音讯，从而消除了其下落不明的状态。二是经本人或者利害关系人申请。这里利害关系人的范围应当与申请宣告失踪的利害关系人范围一致，包括被申请宣告失踪人的配偶、父母、子女、兄弟姐妹、祖父母、外祖父母、孙子女、外孙子女以及其他与失踪人有民事权利义务关系的人。申请也应当向下落不明人住所地基层人民法院提出。三是撤销失踪宣告应当由人民法院作出。自然人失踪只能由人民法院依据法定程序进行宣告，因此，该宣告的撤销也应当由人民法院通过法定程序来作出。

本条第2款规定的是失踪人重新出现后的法律效果。宣告失踪一经撤销，原被宣告失踪的自然人本人就应当恢复对自己财产的控制，财产代管人的代管职责应当相应结束，停止代管行为，移交代管的财产并向本人报告代管情况。

关联法规

《民事诉讼法》第186条

第四十六条　【宣告死亡的条件】自然人有下列情形之一的，利害关系人可以向人民法院申请宣告该自然人死亡：

（一）下落不明满四年；

（二）因意外事件，下落不明满二年。

因意外事件下落不明，经有关机关证明该自然人不可能生存的，申请宣告死亡不受二年时间的限制。

条文注解

宣告自然人死亡，是对自然人死亡在法律上的推定，这种推定将产生与生理死亡基本一样的法律效果，因此，宣告死亡必须具备法律规定的条件，依照本条规定，这些条件是：

第一，自然人下落不明的时间要达到法定的长度。一般情况下，下落不明的时间要满4年。如果是因意外事件而下落不明，下落不明的时间要满2年。但如果与该意外事件有关的机关证明该自然人不可能生存的，利害关系人就可以据此申请宣告该自然人死亡，而不必等到下落不明满2年。

第二，必须要由利害关系人提出申请。此处所说的利害关系人，可以参考宣告失踪制度中的利害关系人范围。总体来说，这里的利害关系人应当是与被宣告人是生存还是死亡的法律后果有利害关系的人。依照《民事诉讼法》第184条的规定，利害关系人申请宣告其死亡的，向下落不明人住所地基层人民法院提出。申请书应当写明下落不明的事实、时间和请求，并附有公安机关或者其他有关机关关于该公民下落不明的书面证明。

第三，只能由人民法院经过法定程序，宣告自然人死亡。依照《民事诉讼法》的规定，人民法院审理宣告死亡案件，适用《民事诉讼法》关于特别程序的规定。人民法院受理宣告死亡案件后，应当发出寻找下落不明人的公告，公告期间为1年。因意外事故下落不明，经有关机关证明该公民不可能生存的，宣告死亡的公告期间为3个月。公告期间届满，人民法院应当根据被宣告死亡的事实是否得到确认，作出宣告死亡的判决或者驳回申请的判决。

关联法规

《民事诉讼法》第184、185条

第四十七条 【宣告死亡的优先适用】对同一自然人，有的利害关系人申请宣告死亡，有的利害关系人申请宣告失踪，符合本法规定的宣告死亡条件的，人民法院应当宣告死亡。

第四十八条 【被宣告死亡的人死亡日期的确定】被宣告死亡的人，人民法院宣告死亡的判决作出之日视为其死亡的日期；因意外事件下落不明宣告死亡的，意外事件发生之日视为其死亡的日期。

第四十九条 【被宣告死亡期间的民事法律行为效力】自然人被宣告死亡但是并未死亡的，不影响该自然人在被宣告死亡期间实施的民事法律行为的效力。

条文注解

宣告死亡是人民法院经利害关系人的申请，按照法定程序推定下落不明的公民死亡的法律制度，因此，自然人被宣告死亡从本质上讲是一种拟制的死亡，有可能本人并没有自然死亡或者说真正死亡。这个被宣告死亡但并未真正死亡的自然人，可能在被宣告死亡期间还在从事民事活动，包括吃穿住行等各种活动。如果因为他已经被宣告死亡了，就不承认他所从事的民事法律行为的效力，无疑是不合情理的，也不利于维护交易安全和社会经济秩序。因此，本条规定，自然人被宣告死亡但是并未死亡的，不影响该自然人在被宣告死亡期间实施的民事法律行为的效力。

如果并未死亡的自然人从事的民事活动与被宣告死亡的法律后果不相关联，没有冲突的情况，则一般不会产生法律问题。但也有可能发生的情况是产生了冲突，相互抵触，鉴于对此问题争议较大，本条对此未作具体规定，留待司法实践继续总结经验。

第五十条 【死亡宣告的撤销】被宣告死亡的人重新出现，经本人或者利害关系人申请，人民法院应当撤销死亡宣告。

关联法规

《民事诉讼法》第186条

第五十一条 【宣告死亡、撤销死亡宣告对婚姻关系的影响】被宣告死亡的人的婚姻关系，自死亡宣告之日起消除。死亡宣告被撤销的，婚姻关系自撤销死亡宣告之日起自行恢复。但是，其配偶再婚或者向婚姻登记机关书面声明不愿意恢复的除外。

第五十二条 【撤销死亡宣告对收养关系的影响】被宣告死亡的人在被宣告死亡期间，其子女被他人依法收养的，在死亡宣告被撤销后，不得以未经本人同意为由主张收养行为无效。

第五十三条 【死亡宣告撤销后的财产返还】被撤销死亡宣告的人有权请求依照本法第六编取得其财产的民事主体返还财产；无法返还的，应当给予适当补偿。

利害关系人隐瞒真实情况，致使他人被宣告死亡而取得其财产的，除应当返还财产外，还应当对由此造成的损失承担赔偿责任。

第四节 个体工商户和农村承包经营户

第五十四条 【个体工商户的定义】自然人从事工商业经营，经依法登记，为个体工商户。个体工商户可以起字号。

条文注解

就个体工商户而言，其与法人和非法人组织的最大区别就是不具有组织性。首先，个体工商户没有“设立”过程，不存在“出资”行为，法律也不要求个体工商户一定要具有“字号”或“名称”。其次，个体工商户经登记机关登记的经营场所只能为一处，不得设立分支机构。再次，个体工商户的经营形式仅包括个人经营和家庭经营，进行工商业经营的自然人本身须参与具体经营活动；在家庭经营的情况下，“家庭”不是作为进行经营活动的“组织”出现。最后，个体工商户缴纳的税种是个人所得税。

个体工商户可以使用名称，也可以不使用名称。个体工商户决定使用名称的，应当向登记机关提出申请，经核准登记后方可使用。一户个体工商户只能使用一个名称。经营者姓名可以作为个体工商户名称中的字号使用。个体工商户名称中的行业应当反映其主要经营活动内容或者经营特点。个体工商户名称组织形式可以选用“厂”

"店""馆""部""行""中心"等字样，但不得使用"企业""公司""农民专业合作社"字样。

关联法规

《个体工商户条例》第2条

第五十五条 【农村承包经营户的定义】农村集体经济组织的成员，依法取得农村土地承包经营权，从事家庭承包经营的，为农村承包经营户。

关联法规

《农村土地承包法》第5、16条

第五十六条 【债务承担规则】个体工商户的债务，个人经营的，以个人财产承担；家庭经营的，以家庭财产承担；无法区分的，以家庭财产承担。

农村承包经营户的债务，以从事农村土地承包经营的农户财产承担；事实上由农户部分成员经营的，以该部分成员的财产承担。

条文注解

个体工商户既可以个人经营，也可以家庭经营。个体工商户的债务，个人经营的，以个人财产承担；家庭经营的，以家庭财产承担。对于实践中无法区分是个人经营还是家庭经营，应根据是个人投资还是家庭投资，是个人享用经营收益还是家庭共同享用经营收益，进而确定债务是以个人财产承担，还是以家庭财产承担，在司法实践中一般有以下认定标准：一是以公民个人名义申请登记的个体工商户，用家庭共有财产投资，或者收益的主要部分供家庭成员享用的，其债务应以家庭共有财产清偿。二是夫妻关系存续期间，一方从事个体经营，其收入为夫妻共有财产，债务亦应以夫妻共有财产清偿。此外，个体工商户的债务，如以其家庭共有财产承担责任，应当保留家庭成员的生活必需品和必要的生产工具。

农村承包经营户的债务承担。在承包期内，无论承包户内人口发生怎样的变化，是增还是减，只要作为承包户的家庭还存在，承包户仍然是一个生产经营单位。在承包经营活动中，无论是全体家庭成员从事生产经营劳动和经营活动，还是一部分家庭成员从事生产经营劳动和经营活动，另一部分家庭成员从事其他职业或者家务劳动，农户仍然是一个对外承担责任的主体。考虑到随着我国城乡经济结构的调整和城镇化的发展，农村剩余劳动力向城镇的转移会不断增加，有的家庭成员进城务工就业，分门立户，已完全不参与家庭土地承包经营，也不分享承包家庭的收益，在这种情况下，可以不再承担原所在家庭承包经营的债务。因此本条规定，“事实上由农户部分成员经营的，以该部分成员的财产承担”。需要指出的是，在实践中，这一规定要严格掌握，防止借本条规定逃避应承担的债务。

第三章　法　　人

第一节　一般规定

第五十七条　【法人的定义】法人是具有民事权利能力和民事行为能力，依法独立享有民事权利和承担民事义务的组织。

条文注解

法人是具有民事权利能力和民事行为能力,依法独立享有民事权利和承担民事义务的组织。确立法人制度,可以使具备法人条件的组织取得独立的民事主体资格。

法人具有以下特点:一是法人不是自然人,属于社会组织,是一种集合体,由法律赋予该组织单独的法律人格。法人既可以是人的集合体,也可以是财产的集合体。二是具有民事权利能力和民事行为能力。法人可以以自己的名义,通过自身的行为享有和行使民事权利,设定和承担民事义务。法人的民事权利能力和民事行为能力,从法人成立时产生,到法人终止时消灭。三是依法独立享受民事权利、承担民事义务。法人有自己独立的民事主体地位,可以自己的名义独立从事民事活动,享有民事权利,承担民事义务。四是独立承担民事责任。法人以其全部财产独立承担民事责任,能否独立承担民事责任,是区别法人组织和非法人组织的重要标志。

关联法规

《公司法》第3条

第五十八条 【法人成立的条件】法人应当依法成立。

法人应当有自己的名称、组织机构、住所、财产或者经费。法人成立的具体条件和程序,依照法律、行政法规的规定。

设立法人,法律、行政法规规定须经有关机关批准的,依照其规定。

关联法规

《公司法》第6~8、23条,《社会团体登记管理条例》第3、10~12条

第五十九条　【法人民事权利能力和民事行为能力】法人的民事权利能力和民事行为能力，从法人成立时产生，到法人终止时消灭。

条文注解

法人的民事权利能力是法律赋予的，是法人作为一个独立的民事主体应当具备的基本资格。法人民事权利能力的获取意味着法人作为一个独立民事主体的成立，丧失这一权利能力则意味着法人的消灭。因而，法人的权利能力从成立时产生，至法人终止时消灭。

法人的民事行为能力是法人独立地实施民事行为，行使民事权利、承担民事义务的资格。法人的民事行为能力在时间上和民事权利能力相一致，始于法人成立，终于法人消灭，在法人存续期间始终存在。法人的民事行为能力和其民事权利能力在范围上一致，法人能够以自己的行为行使权利和承担义务的范围，即民事行为能力的范围不能超出其权利能力所限定的范围。

第六十条　【法人民事责任承担】法人以其全部财产独立承担民事责任。

条文注解

法人以其全部财产独立承担民事责任。这里强调两点：一是全部财产。法人要以其全部财产承担民事责任，而不是只以部分财产承担民事责任。二是独立承担民事责任。“独立”的含义，即任何法人的债务只能由它自己承担，国家、投资者和法人组织内部的成员不对法人的债务负责。但是，对于合伙企业、个人独资企业等不具备法人资格的组织，因为不能独立承担民事责任，当其财产不足以清偿债务时，要由出资人或者设立人承担无限责任。

关联法规

《公司法》第3、14条

第六十一条 【法定代表人的定义及行为的法律后果】依照法律或者法人章程的规定，代表法人从事民事活动的负责人，为法人的法定代表人。

法定代表人以法人名义从事的民事活动，其法律后果由法人承受。

法人章程或者法人权力机构对法定代表人代表权的限制，不得对抗善意相对人。

条文注解

法定代表人对外以法人名义进行民事活动时，其与法人之间并非代理关系，而是代表关系，且其代表职权来自法律的明确授权，故不需要有法人的授权委托书。因此，法定代表人对外的职务行为即为法人行为，其后果由法人承担。法人对法定代表人所负的责任，也包括越权行为的责任。此外，法人除了要对其法定代表人的职务行为承担责任之外，还要对其工作人员的职务行为承担责任。

法人不得以法人章程等对法定代表人的内部职权限制对抗善意第三人。所谓"善意相对人"，是指对法人章程或者法人权力机构对法定代表人代表权的限制，不知情或者不应当知情的权利人。这里需要指出的是，判断相对方是否为善意，不仅要考量其事实上是否知道法人章程或者法人权力机构对法定代表人代表权的限制这一情况，还要考量其是否应当知道这一情况。"知道"是一种事实状况的判定，而

"应当知道"则是对当事人是否存在过错的判定。

关联法规

《公司法》第13条,《民事诉讼法》第48条,《民法典》第504、1191条

第六十二条 【法定代表人职务侵权行为的责任承担】法定代表人因执行职务造成他人损害的,由法人承担民事责任。

法人承担民事责任后,依照法律或者法人章程的规定,可以向有过错的法定代表人追偿。

条文注解

在一般情况下,在职务侵权行为中,行为的法律后果完全由法人承担,法定代表人无须承担该行为的民事责任,但在以下两种情况下,法人可以向有过错的法定代表人追偿:一是根据法律规定。如果有关法律法规明文规定了法定代表人对职务侵权行为应该承担相应的责任,那么在此种情形下,法人可以在对外赔偿后,依据相关法律法规的规定,向有过错的法定代表人进行追偿。二是根据法人章程规定。如果法人的章程中明确规定法定代表人对职务侵权行为应该承担相应的责任,那么在此种情形下,法人可以在对外赔偿后,依据法人章程的规定,向有过错的法定代表人进行追偿。

关联法规

《公司法》第149条

第六十三条 【法人的住所】法人以其主要办事机构所在地为住所。依法需要办理法人登记的，应当将主要办事机构所在地登记为住所。

关联法规

《公司法》第10条

第六十四条 【法人变更登记】法人存续期间登记事项发生变化的，应当依法向登记机关申请变更登记。

关联法规

《公司法》第7条，《企业法人登记管理条例》第17条，《公司登记管理条例》第26条，《事业单位登记管理暂行条例》第10条，《社会团体登记管理条例》第18条，《基金会管理条例》第15条

第六十五条 【法人实际情况与登记事项不一致的法律后果】法人的实际情况与登记的事项不一致的，不得对抗善意相对人。

条文注解

根据法律的相关规定，登记的事项包括：

一是企业法人登记事项。企业法人登记事项包括企业法人名称、住所、经营场所、法定代表人、经济性质、经营范围、经营方式、注册资金、从业人数、经营期限、分支机构。外商投资企业登记注册的主要事项有名称、住所、经营范围、投资总额、注册资本、企业类型、法定代表人、营业期限、分支机构、有限责任公司股东或者股份有限公司发起人

的姓名或者名称。外商投资企业设立的分支机构登记注册的主要事项有名称、营业场所、负责人、经营范围、隶属企业。

二是社会团体登记事项。社会团体登记事项包括名称、住所、宗旨、业务范围、活动地域、法定代表人、活动资金和业务主管单位。

三是事业单位法人登记事项。事业单位法人登记事项包括名称、住所宗旨和业务范围、开办资金、法定代表人、经费来源(开办资金)等情况。

四是民办非企业单位(社会服务机构)登记事项。民办非企业单位登记事项包括民办非企业单位的名称、住所、宗旨和业务范围、法定代表人或者负责人、开办资金和业务主管单位。

关联法规

《企业法人登记管理条例》《公司登记管理条例》《社会团体登记管理条例》《事业单位登记管理暂行条例》《民办非企业单位登记管理暂行条例》

第六十六条 【公示登记信息】登记机关应当依法及时公示法人登记的有关信息。

关联法规

《公司法》第6条,《企业信息公示暂行条例》第3、6~8条,《公司登记管理条例》第55、57条,《企业法人登记管理条例》第23~24条

第六十七条 【法人合并、分立后权利义务的享有和承担】法人合并的,其权利和义务由合并后的法人享有和承担。

法人分立的,其权利和义务由分立后的法人享有连带债权,承担连带债务,但是债权人和债务人另有约定的除外。

条文注解

法人合并,是指由两个以上的法人合并为一个新法人,是法人在组织上的一种变更。法人合并分为新设合并和吸收合并。所谓新设合并,是指原法人资格随即消灭,新法人资格随即确立。所谓吸收合并,是指一个或多个法人归并到一个现存的法人中去,被合并的法人资格消灭,存续法人的主体资格仍然存在。法人发生合并,它的权利义务应当由合并后的法人享有和承担。

法人分立,是指一个法人分成两个或两个以上的法人,是法人在组织上的一种变更。法人的分立分为新设式分立和派生式分立两种方式。所谓新设式分立,是指原法人分立为两个或者两个以上新的法人,原法人不复存在。所谓派生式分立,是指原法人仍然存在,但从原法人中分立出来一个新的法人,原法人的资格不变。法人发生分立,其权利和义务由分立后的法人享有连带债权,承担连带债务,但是债权人和债务人另有约定的除外。

关联法规

《公司法》第174、176条

第六十八条 【法人终止的原因】有下列原因之一并依法完成清算、注销登记的,法人终止:

(一)法人解散;

(二)法人被宣告破产;

(三)法律规定的其他原因。

法人终止,法律、行政法规规定须经有关机关批准的,依照其规定。

关联法规

《公司法》第180条，《企业破产法》第2、7条，《企业法人登记管理条例》第20、21条，《事业单位登记管理暂行条例》第13条，《社会团体登记管理条例》第19~21条，《民办非企业单位登记管理暂行条例》第16、17条

第六十九条　【法人解散的情形】有下列情形之一的，法人解散：

（一）法人章程规定的存续期间届满或者法人章程规定的其他解散事由出现；

（二）法人的权力机构决议解散；

（三）因法人合并或者分立需要解散；

（四）法人依法被吊销营业执照、登记证书，被责令关闭或者被撤销；

（五）法律规定的其他情形。

第七十条　【法人解散后的清算】法人解散的，除合并或者分立的情形外，清算义务人应当及时组成清算组进行清算。

法人的董事、理事等执行机构或者决策机构的成员为清算义务人。法律、行政法规另有规定的，依照其规定。

清算义务人未及时履行清算义务，造成损害的，应当承担民事责任；主管机关或者利害关系人可以申请人民法院指定有关人员组成清算组进行清算。

条文注解

法人清算，是指在法人解散时，清算义务人成立清算组，依据职权清理并消灭法人的全部财产关系的程序。法人除了因合并或者分立

的情形而解散，不需要清算的外，因其他情形而解散的，都要依法进行清算。清算的任务是：清查法人财产，核实债权债务，编制资产负债表，依法或章程向有关部门移交财产，依法律规定的范围和程序清偿债务等。法人清算必须由清算义务人指定清算组进行。清算终结，应由清算组向登记机关办理注销登记并公告，完成注销登记和公告，法人即告消灭。

清算义务人，是指在法人解散后，负有清算责任的主体，也称清算人。清算义务人为法人的董事、理事等执行机构或者决策机构的成员。

关联法规

《公司法》第 183 条，《保险法》第 89、149 条，《事业单位登记管理条例》第 13 条，《社会团体登记管理条例》第 20 条，《基金会管理条例》第 18 条，《民办非企业单位登记管理暂行条例》第 16 条

第七十一条 【清算适用的法律依据】法人的清算程序和清算组职权，依照有关法律的规定；没有规定的，参照适用公司法律的有关规定。

条文注解

关于法人的清算程序和清算组职权，本条没有作具体规定，而是明确依照公司法律的有关规定。这里的公司法律的有关规定主要是指《公司法》和《社会团体登记管理条例》、《事业单位登记管理暂行条例》、《民办非企业单位登记管理暂行条例》及有关实施细则等。

关联法规

《公司法》第 184、186~189 条

第七十二条　【清算中法人地位、清算后剩余财产的处理和法人终止】清算期间法人存续，但是不得从事与清算无关的活动。

法人清算后的剩余财产，按照法人章程的规定或者法人权力机构的决议处理。法律另有规定的，依照其规定。

清算结束并完成法人注销登记时，法人终止；依法不需要办理法人登记的，清算结束时，法人终止。

条文注解

清算期间，法人还继续存在，仍然具有民事权利能力和民事行为能力，但其民事权利能力是受到限制的，不得从事与清算无关的活动，以保护债权人和其他人的利益。如果法人在清算期间，仍然继续从事经营活动，会产生新的债权债务关系，这势必会影响到原债权人的利益，同时在法人处于解散的状态下，再开展业务活动，对有关相对人的权益也会造成侵害。所以，清算期间法人虽然存续，但是不得从事与清算无关的活动。《公司法》《社会团体登记管理条例》《事业单位登记管理暂行条例》《民办非企业单位登记管理暂行条例》等法律、行政法规，均规定法人在清算期间不得开展与清算无关的活动。对违反这一规定的，公司法还规定了相应的法律责任：公司在清算期间开展与清算无关的经营活动的，由公司登记机关予以警告，没收违法所得。

法人清算后的剩余财产，是指法人财产在分别支付清算费用、职工的工资、社会保险费用和法定补偿金，缴纳所欠税款，清偿公司债务后的剩余财产。对法人清算后的剩余财产，一般要根据法人章程的规定或者法人权力机构的决议来处理，但是法律另有规定的，依照其规定。

关联法规

《公司法》第186条

第七十三条 【法人破产】法人被宣告破产的,依法进行破产清算并完成法人注销登记时,法人终止。

条文注解

本条规定明确了法人因破产而终止的两个程序性规定:(1)破产清算。破产清算制度,是对债务人宣告破产、清算还债的法律制度,即在债务人丧失清偿能力时,由法院强制执行其全部财产,公平清偿全体债权人的法律制度。根据《企业破产法》的规定,破产清算分为破产宣告、变价和分配、破产程序的终结三个环节。(2)注销登记。企业破产法规定,管理人应当自破产程序终结之日起10日内,持人民法院终结破产程序的裁定,向破产人的原登记机关办理注销登记。管理人于办理注销登记完毕的次日终止执行职务。但是,存在诉讼或者仲裁未决情况的除外。

需要说明的是,《企业破产法》第135条规定,其他法律规定企业法人以外的组织的清算,属于破产清算的,参照适用本法规定的程序。目前,《农民专业合作社法》和《民办教育促进法》已经对农民专业合作社和民办学校的破产清算作了规定,在破产财产的清偿顺序上突出了对农民和受教育者的保护。

关联法规

《企业破产法》,《农民专业合作社法》第55条,《民办教育促进法》第58、59条

第七十四条 【法人分支机构及其责任承担】法人可以依法设立分支机构。法律、行政法规规定分支机构应当登记的，依照其规定。

分支机构以自己的名义从事民事活动，产生的民事责任由法人承担；也可以先以该分支机构管理的财产承担，不足以承担的，由法人承担。

条文注解

法人分支机构作为法人的组成部分，由法人依法设立，在法人主要活动地点以外的一定领域内，实现法人的全部或部分职能。分支机构以自己的名义所从事的民事活动，对法人直接产生权利义务，并构成整个法人权利义务的一部分。

法人的分支机构虽然在法人授权范围内可以对外从事各种民事活动，但法人的分支机构属于法人的组成部分，其承担责任的能力有一定的限制，因此，法人的分支机构进行民事活动所承担的责任，要由法人承担，也可以先以该分支机构管理的财产承担，不足以承担的，由法人承担。在涉及分支机构的诉讼中，可以将法人的分支机构与法人一起列为共同被告。例如，企业法人的分支机构为他人提供担保，发生法律纠纷的，人民法院在审理过程中可以将该企业法人和分支机构列为共同被告参加诉讼。

本条规定，法人可以依法设立分支机构。这里的“依法”主要是指依据《公司法》《商业银行法》《保险法》《证券法》《公司登记管理条例》《社会团体登记管理条例》《民办非企业单位登记管理暂行条例》《基金会管理条例》等法律、行政法规的规定。

关联法规

《公司法》第24条,《商业银行法》第19条,《保险法》第67、74条,《证券法》第129条,《社会团体登记管理条例》第17条,《民办非企业单位登记管理暂行条例》第13条,《基金会管理条例》第12条,《公司登记管理条例》第45~47条

第七十五条 【法人设立行为的法律后果】设立人为设立法人从事的民事活动,其法律后果由法人承受;法人未成立的,其法律后果由设立人承受,设立人为二人以上的,享有连带债权,承担连带债务。

设立人为设立法人以自己的名义从事民事活动产生的民事责任,第三人有权选择请求法人或者设立人承担。

关联法规

《公司法》第94条,《最高人民法院关于适用〈中华人民共和国公司法〉若干问题的规定(三)》第2~5条

第二节 营利法人

第七十六条 【营利法人的定义及类型】以取得利润并分配给股东等出资人为目的成立的法人,为营利法人。

营利法人包括有限责任公司、股份有限公司和其他企业法人等。

条文注解

本条第1款规定,以取得利润并分配给股东等出资人为目的成立的法人,为营利法人。这一规定强调了营利法人的两个特征:一是成

立的目的是取得利润，即以营利为目的。二是取得利润后要分配给股东等出资人，即出资人取得利润。这两个特征同时具备是营利法人与其他法人的根本区别所在。

除有限责任公司、股份有限公司外，营利法人还包括其他企业法人等。根据《企业法人登记管理条例》的规定，具备法人条件的下列企业，应当依照本条例的规定办理企业法人登记：(1)全民所有制企业；(2)集体所有制企业；(3)联营企业；(4)在中华人民共和国境内设立的中外合资经营企业、中外合作经营企业和外资企业(现统称为外商投资企业)；(5)私营企业；(6)依法需要办理企业法人登记的其他企业。上述这些企业法人，如果不是按照公司法成立的公司法人，没有采用公司法人的组织结构，则属于本条所规定的"其他企业法人"。

关联法规

《公司法》第4、8、34条，《企业法人登记管理条例》第2条

第七十七条　【营利法人的成立】营利法人经依法登记成立。

关联法规

《公司法》第6条，《公司登记管理条例》第1、2条，《企业法人登记管理条例》第2条

第七十八条　【营利法人的营业执照】依法设立的营利法人，由登记机关发给营利法人营业执照。营业执照签发日期为营利法人的成立日期。

关联法规

《公司登记管理条例》第25条

第七十九条 【营利法人的章程】设立营利法人应当依法制定法人章程。

条文注解

法人章程，是指根据法人性质、任务和业务活动需要制定的关于法人的活动范围、组织机构以及内部成员之间的权利义务等的重要文件，是法人从事生产经营活动的行为准则。法人章程的内容可以分为绝对必要记载的事项和任意记载的事项。前者是指法律规定在章程中必须具备的内容，通常包括法人名称、住所、宗旨和经营范围、注册资金、投资数额、投资者的姓名和住所、投资者的权利义务、法人的组织机构和解散条件、利润分配和亏损承担等。章程一经登记就具有法律效力，成为法人的行为准则。

公司法规定，设立公司必须依法制定公司章程。公司章程对公司、股东、董事、监事、高级管理人员具有约束力。公司的经营范围由公司章程规定，并依法登记。公司可以修改公司章程，改变经营范围，但是应当办理变更登记。

关联法规

《公司法》第12、25条

第八十条 【营利法人的权力机构】营利法人应当设权力机构。

权力机构行使修改法人章程，选举或者更换执行机构、监督机构成员，以及法人章程规定的其他职权。

关联法规

《公司法》第36、66、98条

第八十一条　【营利法人的执行机构】营利法人应当设执行机构。

执行机构行使召集权力机构会议，决定法人的经营计划和投资方案，决定法人内部管理机构的设置，以及法人章程规定的其他职权。

执行机构为董事会或者执行董事的，董事长、执行董事或者经理按照法人章程的规定担任法定代表人；未设董事会或者执行董事的，法人章程规定的主要负责人为其执行机构和法定代表人。

关联法规

《公司法》第13、44、50、67条

第八十二条　【营利法人的监督机构】营利法人设监事会或者监事等监督机构的，监督机构依法行使检查法人财务，监督执行机构成员、高级管理人员执行法人职务的行为，以及法人章程规定的其他职权。

关联法规

《公司法》第51、70、117条

第八十三条　【出资人滥用权利的责任承担】营利法人的出资人不得滥用出资人权利损害法人或者其他出资人的利益；滥用出资人权利造成法人或者其他出资人损失的，应当依法承担民事责任。

营利法人的出资人不得滥用法人独立地位和出资人有限责任损害法人债权人的利益；滥用法人独立地位和出资人有限责任，逃避债务，严重损害法人债权人的利益的，应当对法人债务承担连带责任。

条文注解

公司法的法理基础，就是利用法人独立地位和出资人有限责任充分发挥其作用，提高效率，发展生产力。如果滥用法人独立地位和出资人有限责任，则应对法人债务承担连带责任，这一规则被称为"揭开公司面纱"，又叫"法人人格否认"。这里的否认，并非否认法人资格，而是否认其独立地位，需出资人承担无限连带责任，保护债权人利益。针对股东采用转移公司财产、将公司财产与本人财产混同等手段，造成公司可以用于履行债务的财产减少，严重损害公司债权人利益的行为，"揭开公司面纱"规则也应运而生。

关联法规

《公司法》第20条

第八十四条 【限制不当利用关联关系】营利法人的控股出资人、实际控制人、董事、监事、高级管理人员不得利用其关联关系损害法人的利益；利用关联关系造成法人损失的，应当承担赔偿责任。

条文注解

根据《公司法》的规定，控股股东，是指其出资额占有限责任公司资本总额50%以上或者其持有的股份占股份有限公司股本总额50%

以上的股东，或者出资额或者持有股份的比例虽然不足50%，但依其出资额或者持有的股份所享有的表决权已足以对股东会、股东大会的决议产生重大影响的股东。实际控制人，是指虽不是公司的股东，但通过投资关系、协议或者其他安排，能够实际支配公司行为的人。高级管理人员，是指公司的经理、副经理、财务负责人，上市公司董事会秘书和公司章程规定的其他人员。上述人员和作为公司权力机构成员的股东，以及作为公司监督机构成员的监事，不得利用其关联关系损害法人的利益。

根据《公司法》的规定，关联关系，是指公司控股股东、实际控制人、董事、监事、高级管理人员与其直接或者间接控制的企业之间的关系，以及可能导致公司利益转移的其他关系。但是，国家控股的企业之间不仅因为同受国家控股而具有关联关系。公司法规定，公司的控股股东、实际控制人、董事、监事、高级管理人员不得利用其关联关系损害公司利益。违反这一规定，给公司造成损失的，应当承担赔偿责任。上市公司董事与董事会会议决议事项所涉及的企业有关联关系的，不得对该项决议行使表决权，也不得代理其他董事行使表决权。该董事会会议由过半数的无关联关系董事出席即可举行，董事会会议所作决议须经无关联关系董事过半数通过。出席董事会的无关联关系董事人数不足3人的，应将该事项提交上市公司股东大会审议。

本条在公司法的基础上，进一步明确所有的营利法人的控股出资人、实际控制人、董事、监事、高级管理人员利用关联关系给法人造成损失的，应当承担赔偿责任，以维护法人的合法权益。

关联法规

《公司法》第21条，《最高人民法院关于适用〈中华人民共和国公司法〉若干问题的规定（三）》第12条

第八十五条 【决议的撤销】营利法人的权力机构、执行机构作出决议的会议召集程序、表决方式违反法律、行政法规、法人章程，或者决议内容违反法人章程的，营利法人的出资人可以请求人民法院撤销该决议。但是，营利法人依据该决议与善意相对人形成的民事法律关系不受影响。

条文注解

营利法人的权力机构、执行机构违反法律、行政法规或者违反法人章程作出的决议包括两种情况：(1)程序违反法律、行政法规或者法人章程；(2)内容违反法人章程。就第一种情况来说，又包括两种情形：一是作出决议的会议召集程序违反法律、行政法规或者法人章程；二是作出决议的会议表决方式违反法律、行政法规或者法人章程。

这里还需要指出两点：(1)虽然营利法人的出资人可以请求人民法院撤销该决议，但是营利法人依据该决议与善意相对人形成的民事法律关系不受影响。这一规定旨在保护善意的、不知情的相对人。如果相对人在与营利法人形成法律关系时不知道或者不应当知道作出决定的会议在召集程序、表决方式方面违反法律、行政法规或者法人章程的规定，或者决议内容违反法人章程的规定，则为善意相对人，其与营利法人依据该决议形成的民事法律关系不受影响。(2)本条的规定只针对违反法人章程规定的情况，如果所作决议的内容违反的是法律、行政法规的强制性规定，属于无效民事法律行为，不属于本条规定的可撤销的民事法律行为。

关联法规

《公司法》第22条

第八十六条　【营利法人应履行的义务】营利法人从事经营活动，应当遵守商业道德，维护交易安全，接受政府和社会的监督，承担社会责任。

第三节　非营利法人

第八十七条　【非营利法人的定义及类型】为公益目的或者其他非营利目的成立，不向出资人、设立人或者会员分配所取得利润的法人，为非营利法人。

非营利法人包括事业单位、社会团体、基金会、社会服务机构等。

条文注解

非营利法人是为公益目的或者其他非营利目的成立，不向出资人、设立人或者会员分配所取得利润的法人。一个法人是否为非营利法人取决于两个因素：一是成立目的的非营利性；非营利法人是为公益目的或者其他非营利目的成立的。公益目的，是指法人所从事的活动属于社会公益事业。二是不分配利润。

第八十八条　【事业单位法人资格的取得】具备法人条件，为适应经济社会发展需要，提供公益服务设立的事业单位，经依法登记成立，取得事业单位法人资格；依法不需要办理法人登记的，从成立之日起，具有事业单位法人资格。

关联法规

《事业单位登记管理暂行条例》第2、3、6、11条

第八十九条 【事业单位法人的组织机构及法定代表人】事业单位法人设理事会的，除法律另有规定外，理事会为其决策机构。事业单位法人的法定代表人依照法律、行政法规或者法人章程的规定产生。

第九十条 【社会团体法人资格的取得】具备法人条件，基于会员共同意愿，为公益目的或者会员共同利益等非营利目的设立的社会团体，经依法登记成立，取得社会团体法人资格；依法不需要办理法人登记的，从成立之日起，具有社会团体法人资格。

第九十一条 【社会团体法人的章程及组织机构】设立社会团体法人应当依法制定法人章程。

社会团体法人应当设会员大会或者会员代表大会等权力机构。

社会团体法人应当设理事会等执行机构。理事长或者会长等负责人按照法人章程的规定担任法定代表人。

关联法规

《社会团体登记管理条例》第2、3、6、9条

第九十二条 【捐助法人资格的取得】具备法人条件，为公益目的以捐助财产设立的基金会、社会服务机构等，经依法登记成立，取得捐助法人资格。

依法设立的宗教活动场所，具备法人条件的，可以申请法人登记，取得捐助法人资格。法律、行政法规对宗教活动场所有规定的，依照其规定。

条文注解

捐助法人的定义是为公益目的,以捐助财产设立的非营利法人。根据这一规定,捐助法人的特点有两个:一是为公益目的设立;二是法人的财产全部来自捐助。捐助法人的范围主要包括基金会、社会服务机构、宗教活动场所等。

本法赋予宗教活动场所以法人资格,有利于其对外从事民事活动,更好地维护其合法权益,也有利于加强其内部治理,保护正常的宗教活动。

这里需要指出三点:一是宗教活动场所的法人登记以具备法人条件为前提。考虑到不同宗教的做法不同,依法设立的宗教活动场所是否登记为法人,由其自行申请。二是法律、行政法规对宗教活动场所有规定的,依照其规定。本条的规定不影响国家依法对宗教活动场所进行规范和管理。宗教活动场所从事各类活动必须符合《宗教事务条例》等法规的规定,接受宗教管理部门依法对其进行的监督管理。三是赋予宗教活动场所法人资格不影响其与宗教团体的关系。根据《宗教事务条例》第8条的规定,宗教团体具有协助人民政府贯彻落实法律、法规、规章和政策,维护信教公民的合法权益;指导宗教教务,制定规章制度并督促落实;从事宗教文化研究,阐释宗教教义教规,开展宗教思想建设;开展宗教教育培训,培养宗教教职人员,认定、管理宗教教职人员;法律、法规、规章和宗教团体章程规定的其他职能。宗教团体具备法人条件的,可以依法登记为社会团体法人。赋予宗教活动场所法人资格不影响其与宗教团体的关系。

关联法规

《民办非企业单位登记管理暂行条例》第8条,《基金会管理条例》第2条,《宗教事务条例》第7、8、19条

第九十三条 【捐助法人的章程及组织机构】设立捐助法人应当依法制定法人章程。

捐助法人应当设理事会、民主管理组织等决策机构，并设执行机构。理事长等负责人按照法人章程的规定担任法定代表人。

捐助法人应当设监事会等监督机构。

第九十四条 【捐助人的权利】捐助人有权向捐助法人查询捐助财产的使用、管理情况，并提出意见和建议，捐助法人应当及时、如实答复。

捐助法人的决策机构、执行机构或者法定代表人作出决定的程序违反法律、行政法规、法人章程，或者决定内容违反法人章程的，捐助人等利害关系人或者主管机关可以请求人民法院撤销该决定。但是，捐助法人依据该决定与善意相对人形成的民事法律关系不受影响。

条文注解

捐助人可以请求撤销捐助法人违法，或者违反章程规定的决定，但捐助法人依据该决定与善意相对人形成的民事法律关系不受影响，这也是保护善意相对人的权益，维护交易安全的需要。此外，如果所作决定的内容违反的是法律、行政法规的强制性规定的，依据本法第143条、第153条的规定，属于无效民事法律行为，不属于本条规定的可撤销的民事法律行为。

关联法规

《基金管理条例》第39、43条

第九十五条　【非营利法人终止时剩余财产的处置】为公益目的成立的非营利法人终止时，不得向出资人、设立人或者会员分配剩余财产。剩余财产应当按照法人章程的规定或者权力机构的决议用于公益目的；无法按照法人章程的规定或者权力机构的决议处理的，由主管机关主持转给宗旨相同或者相近的法人，并向社会公告。

条文注解

剩余财产不得向出资人、设立人或者会员分配。剩余财产，是指法人解散清算完成后所剩余的法人财产。这些财产不能向出资人、设立人或者会员分配，这是营利法人与非营利法人的重要区别。对于营利法人来说，剩余财产是可以向出资人、设立人分配的，而非营利法人，其来源是国有资产或者捐助财产，在存续期间还享受了国家在财政、税收、土地等方面的优惠政策，所以在终止时，其财产需要继续用于公益事业，不得向出资人、设立人或者会员分配。

关联法规

《慈善法》第18条，《民办教育促进法》第46、59条，《基金会管理条例》第10、33条，《宗教事务条例》第60条

第四节　特别法人

第九十六条　【特别法人的类型】本节规定的机关法人、农村集体经济组织法人、城镇农村的合作经济组织法人、基层群众性自治组织法人，为特别法人。

第九十七条 【机关法人资格的取得】有独立经费的机关和承担行政职能的法定机构从成立之日起，具有机关法人资格，可以从事为履行职能所需要的民事活动。

第九十八条 【机关法人终止后权利义务的享有和承担】机关法人被撤销的，法人终止，其民事权利和义务由继任的机关法人享有和承担；没有继任的机关法人的，由作出撤销决定的机关法人享有和承担。

关联法规

《行政诉讼法》第26条

第九十九条 【农村集体经济组织法人】农村集体经济组织依法取得法人资格。

法律、行政法规对农村集体经济组织有规定的，依照其规定。

关联法规

《农村土地承包法》第13条

第一百条 【城镇农村的合作经济组织法人】城镇农村的合作经济组织依法取得法人资格。

法律、行政法规对城镇农村的合作经济组织有规定的，依照其规定。

条文注解

供销合作社具有特殊的法律地位，既不同于企业法人等营利法人，又不同于事业单位、社会团体等非营利法人，属于本节规定的特殊法人类型，可以通过制定《供销合作社条例》这样的专门立法，来明确供销合作社如何取得法人资格的具体规定。所以，本条第1款规定，城镇农村的合作经济组织依法取得法人资格。这里的"依法"是指有关供销合作社的专门立法，可以是法律，也可以是行政法规。同时，本条第2款还规定，法律、行政法规对城镇农村的合作经济组织有规定的，依照其规定。

关联法规

《农民专业合作社法》第2、10、11条，《农民专业合作社登记管理条例》第3条

第一百零一条　【基层群众性自治组织法人】居民委员会、村民委员会具有基层群众性自治组织法人资格，可以从事为履行职能所需要的民事活动。

未设立村集体经济组织的，村民委员会可以依法代行村集体经济组织的职能。

条文注解

根据《城市居民委员会组织法》的规定，居民委员会是居民自我管理、自我教育、自我服务的基层群众性自治组织。不设区的市、市辖区的人民政府或者它的派出机关对居民委员会的工作给予指导、支持和帮助。居民委员会协助不设区的市、市辖区的人民政府或者它的派出机关开展工作。

根据《村民委员会组织法》的规定，村民委员会是村民自我管理、自我教育、自我服务的基层群众性自治组织，实行民主选举、民主决策、民主管理、民主监督。村民委员会办理本村的公共事务和公益事业，调解民间纠纷，协助维护社会治安，向人民政府反映村民的意见、要求和提出建议。村民委员会向村民会议、村民代表会议负责并报告工作。

农村集体经济组织的职责主要是组织本集体成员参加生产活动，利用本经济组织的生产资料、生产工具等从事生产经营活动。根据本条第 2 款的规定，未设立村集体经济组织的，村民委员会可以依法代行村集体经济组织的职能。这是考虑到目前还有的地方并未设立农村集体经济组织，而是由村委会代行农村集体经济组织职责。针对这一实际情况，本条第 2 款作了这样的规定。

关联法规

《城市居民委员会组织法》第 2~4 条，《村民委员会组织法》第 2 条

第四章　非法人组织

第一百零二条　【非法人组织的定义及类型】非法人组织是不具有法人资格，但是能够依法以自己的名义从事民事活动的组织。

非法人组织包括个人独资企业、合伙企业、不具有法人资格的专业服务机构等。

条文注解

非法人组织的特点：

一是虽然不具有法人资格，但能够依法以自己的名义从事民事活

动。这类组织没有法人资格，不能独立承担民事责任，是介于自然人和法人之间的一种社会组织。但该类组织具有民事权利能力和民事行为能力，能够以自己的名义从事民事活动。

二是依法成立。非法人组织在设立程序上须履行法定的登记手续，经有关机关核准登记，这是非法人组织的合法性要件。

三是有一定的组织机构。即拥有符合法律规定的名称、固定的从事生产经营等业务活动的场所，以及相应的组织管理机构和负责人，使之能够以该组织的名义对外从事相应的民事活动。

四是有一定的财产或经费。与法人的财产或经费不同，非法人组织的财产或经费不是独立的，而是其所属法人或公民财产的一个组成部分，归该法人或公民所有。

五是不具有独立承担民事责任的能力。这是该类组织与法人的最大区别，当其因对外进行民事活动而需要承担民事责任时，如其自身所拥有的财产能够承担责任，则由其自身承担；如其自身所拥有的财产不足以承担责任时，则由其出资人或设立人承担连带责任。

关联法规

《个人独资企业法》第 2 条，《合伙企业法》第 2 条，《律师法》第 15 条，《注册会计师法》第 23 条

第一百零三条　【非法人组织的设立程序】非法人组织应当依照法律的规定登记。

设立非法人组织，法律、行政法规规定须经有关机关批准的，依照其规定。

关联法规

《个人独资企业法》第 9 条,《合伙企业法》第 9 条,《律师法》第 18 条,《注册会计师法》第 25 条

第一百零四条 【非法人组织的债务承担】非法人组织的财产不足以清偿债务的,其出资人或者设立人承担无限责任。法律另有规定的,依照其规定。

条文注解

对非法人组织的民事责任问题,如果其他法律另有规定的,要依照其规定,而不适用本条的规定。如《合伙企业法》对特殊的普通合伙企业的民事责任问题作了特别规定。

关联法规

《个人独资企业法》第 2 条,《合伙企业法》第 2、39、57 条,《律师法》第 15、16 条,《注册会计师法》第 23 条

第一百零五条 【非法人组织的代表人】非法人组织可以确定一人或者数人代表该组织从事民事活动。

第一百零六条 【非法人组织解散的情形】有下列情形之一的,非法人组织解散:

(一)章程规定的存续期间届满或者章程规定的其他解散事由出现;

(二)出资人或者设立人决定解散;

(三)法律规定的其他情形。

关联法规

《合伙企业法》第 85 条,《个人独资企业法》第 26 条

第一百零七条　【非法人组织的清算】非法人组织解散的,应当依法进行清算。

条文注解

非法人组织符合本法第 106 条规定的解散情形的,即可以解散,解散应当依法进行清算。个人独资企业法、合伙企业法等法律对个人独资企业、合伙企业的解散清算作了规定,本条规定的“应当依法进行清算”中的“依法”即是指依据上述这些法律的规定。

关联法规

《合伙企业法》第 86~88 条,《个人独资企业法》第 27~30、32 条

第一百零八条　【参照适用】非法人组织除适用本章规定外,参照适用本编第三章第一节的有关规定。

条文注解

“参照适用”不是完全适用,对于法人的一般性规定,非法人组织能够适用的,就适用;不能够完全适用的,可以参照相关规定的原则、精神,在适用上作灵活处理。

第五章 民事权利

第一百零九条 【人身自由、人格尊严受法律保护】自然人的人身自由、人格尊严受法律保护。

条文注解

人身自由,包括身体行动的自由和自主决定的自由,是自然人自主参加社会各项活动、参与各种社会关系、行使其他人身权和财产权的基本保障,是自然人行使其他一切权利的前提和基础。人格尊严,既包括静态和消极的人格尊严,也包括动态和积极的人格尊严,亦即人格形成和人格发展,涉及姓名权、名誉权、荣誉权、肖像权、隐私权等方面。

关联法规

《宪法》第37、38条,《刑法》第238条

第一百一十条 【民事主体的人格权】自然人享有生命权、身体权、健康权、姓名权、肖像权、名誉权、荣誉权、隐私权、婚姻自主权等权利。

法人、非法人组织享有名称权、名誉权和荣誉权。

第一百一十一条 【个人信息受法律保护】自然人的个人信息受法律保护。任何组织或者个人需要获取他人个人信息的,应当依法取得并确保信息安全,不得非法收集、使用、加工、传输他人个人信息,不得非法买卖、提供或者公开他人个人信息。

条文注解

根据《网络安全法》第76条第5款的规定，自然人的个人信息，是指以电子或者其他方式记录的能够单独或者与其他信息结合识别自然人个人身份的各种信息，包括但不限于自然人的姓名、出生日期、身份证件号码、个人生物识别信息、住址、电话号码等。

个人信息与隐私二者的范围有交叉，重合部分可以称为隐私信息，即权利主体不愿为他人知晓的个人信息，如病史、犯罪记录等，但个人信息不仅包括不愿为外人知晓的隐私信息，还包括可以公开的非隐私信息，如姓名、性别等。并且，隐私带有主观色彩，如身高、住址、电话号码等个人信息，有些人视为隐私，有些人视为可公开信息。

关联法规

《消费者权益保护法》第14、29、50条，《网络安全法》第42、76条，《商业银行法》第29条，《刑法》第253条之一，《居民身份证法》第19条，《最高人民法院、最高人民检察院关于办理侵犯公民个人信息刑事案件适用法律若干问题的解释》

第一百一十二条　【因婚姻家庭关系等产生的人身权利受保护】自然人因婚姻家庭关系等产生的人身权利受法律保护。

第一百一十三条　【财产权利平等保护】民事主体的财产权利受法律平等保护。

关联法规

《宪法》第12、13条，《民法典》第2、4条

第一百一十四条 【物权的定义及类型】民事主体依法享有物权。

物权是权利人依法对特定的物享有直接支配和排他的权利，包括所有权、用益物权和担保物权。

条文注解

物权，是对物的权利。物权是一种财产权，财产权主要有物权、债权、继承权和知识产权中的财产权。财产可分为有形财产和无形财产，物权是对有形财产的权利。

由于物权是直接支配物的权利，因而物权又被称为“绝对权”；物权的权利人享有物权，任何其他人都不得非法干预，物权的权利人以外的任何人都是物权的义务人，因此物权又被称为“对世权”。

物权的权利人对物享有直接支配的权利，是物权的主要特征之一。各种物权均以直接支配物作为其基本内容。“直接”即权利人实现其权利不必借助他人，在法律规定的范围内，完全可以按照自己的意愿行使权利。“支配”有安排、利用的意思，包括占有、使用、收益和处分的权能总和。“直接支配”指的是对于物不需要他人的协助、配合，权利人就能对物自主利用。

1. 所有权，是指权利人依法对自己的不动产和动产享有全面支配的权利。所有权具有四项权能，即占有、使用、收益和处分。“占有”是对于财产的实际管领或控制，拥有一个物的一般前提就是占有，这是财产所有者直接行使所有权的表现。“使用”是权利主体对财产的运用，发挥财产的使用价值。拥有物的目的一般是使用。“收益”是通过财产的占有、使用等方式取得的经济效益。使用物并获益是拥有物的目的之一。“处分”是财产所有人对其财产在事实上和法律上的最终处置。

2. 用益物权，是指权利人对他人所有的不动产或者动产，依法享有占有、使用和收益的权利。物权编在物权法的基础上规定了土地承包经营权、建设用地使用权、宅基地使用权、地役权、居住权这几种用益物权。用益物权是以对他人所有的不动产或者动产为使用、收益的目的而设立的，因而被称作“用益”物权。用益物权制度是物权法律制度中一项非常重要的制度，与所有权制度、担保物权制度一同构成了物权制度的完整体系。

3. 担保物权是为了确保债务履行而设立的物权，当债务人不履行债务时，债权人就担保财产依法享有优先受偿的权利。担保物权对保证债权实现、维护交易秩序、促进资金融通，具有重要作用。根据物权编的规定，我国的担保物权包括抵押权、质权和留置权。

第一百一十五条 【物权客体】物包括不动产和动产。法律规定权利作为物权客体的，依照其规定。

条文注解

法律上所指的物，主要是不动产和动产。“不动产”是不可移动的物，如土地及房屋、林木等土地附着物。“动产”是不动产以外的可移动的物，如机动车、电视机等。不动产和动产是物权法上对物的分类，之所以进行这样的分类，主要是便于根据不动产和动产各自的特点分别予以规范。物权法律制度上的物，是指有体物或者有形物，有体物或者有形物是物理上的物，既包括固体、液体、气体，也包括电等没有形状的物。所谓有体物或者有形物，主要是与精神产品相对而言的，著作、商标、专利等是精神产品，是无体物或者无形物，精神产品通常不是物权制度规范的对象。同时，并非所有的有体物或者有形物都是物权制度规范的对象，能够作为物权制度规范对象的还必须是人力所能控制、有利用价值的物。随着科学技术的发展，一些原来无法控制且无法利用的物也可以控制和利用了,也就纳入了物权制度的调整范围,物权制度规范的物的范围也在不断扩大。

精神产品不属于物权制度的调整范围,但是在有些情况下,财产权利可以作为担保物权的标的,如可以转让的注册商标专用权、专利权、著作权等知识产权中的财产权,可以出质作为担保物权的标的,形成权利质权,由此权利也成了物权的客体。因此,本条规定,法律规定权利作为物权客体的,依照其规定。

第一百一十六条 【物权法定原则】物权的种类和内容,由法律规定。

条文注解

物权法定是物权法律制度的基本原则之一。物权法定中的"法",指法律,即全国人大及其常委会制定的法律,除法律明确规定可以由行政法规、地方性法规规定的外,一般不包括行政法规和地方性法规。需要说明的是,物权法定中的法律,既包括物权法,还包括其他法律,如《土地管理法》《城市房地产管理法》《矿产资源法》《草原法》《森林法》《海域使用管理法》《渔业法》《海商法》《民用航空法》等,这些法律中都有对物权的规定。

物权法定,有两层含义:一是物权由法律规定,当事人不能自由创设物权;二是违背物权法定原则,所设"物权"没有法律效力。本条规定:"物权的种类和内容,由法律规定。"其一,设立哪些物权的种类,只能由法律规定,当事人之间不能创立。物权的大的种类分为所有权、用益物权和担保物权;用益物权还可分为土地承包经营权、建设用地使用权、宅基地使用权和地役权;担保物权还可分为抵押权、质权和留置权。其二,物权的权利内容,一般也只能由法律规定。物权的内容指物权的权利义务,如土地承包经营权的承包期多长,承包经营权何时设立，承包经营权的流转权限，承包地的调整、收回、被征收中的权利义务，等等。物权法的许多规定都是强制性规范，当事人应当严格遵守，不能由当事人约定排除，除非法律规定了"有约定的按照约定""当事人另有约定的除外"这些例外情形。

第一百一十七条 【征收、征用】为了公共利益的需要，依照法律规定的权限和程序征收、征用不动产或者动产的，应当给予公平、合理的补偿。

条文注解

征收是国家以行政权取得集体、单位和个人的财产所有权的行为。征收的主体是国家，通常是政府以行政决定的方式从集体、单位和个人手中取得土地、房屋等财产。在物权法上，征收是物权变动的一种特殊情形，涉及所有权人的所有权丧失。征用是国家为了抢险、救灾等公共利益需要，在紧急情况下强制性地使用单位、个人的不动产或者动产。征用的目的只在获得使用权，征用不导致所有权移转，被征用的不动产或者动产使用后，应当返还被征用人。征收、征用是政府行使行政权，属于行政关系，不属于民事关系，但由于征收、征用是对所有权或者使用权的限制，同时又是国家取得所有权或者使用权的一种方式，因此民法通常都从这一民事角度对此作原则规定。

需要说明的是，征收和征用是两个不同的法律概念。征收，是指为了公共利益需要，国家将他人所有的财产强制地征归国有；征用，是指为了公共利益需要而强制性地使用他人的财产。征收和征用的共同之处在于，都是为了公共利益需要，都要经过法定程序，并都要给予补偿。不同之处在于，征收主要是所有权的改变，征用只是使用权的改变。征收是国家从被征收人手中直接取得所有权，其结果是所有权发生了移转；征用则主要是在紧急情况下对他人财产的强制使用，一旦紧急情况结束，被征用的财产应返还原权利人。

关联法规

《宪法》第10、13条，《土地管理法》第45~49条，《国有土地上房屋征收与补偿条例》第2条

第一百一十八条 【债权的定义】民事主体依法享有债权。

债权是因合同、侵权行为、无因管理、不当得利以及法律的其他规定，权利人请求特定义务人为或者不为一定行为的权利。

条文注解

债是因合同、侵权行为、无因管理、不当得利以及法律的其他规定，特定当事人之间发生的权利义务关系。首先，债是一种民事法律关系，是民事主体之间以权利义务为内容的法律关系。其次，债是特定当事人之间的法律关系。债的主体各方均为特定当事人。再次，债是特定当事人之间得请求为或者不为一定行为的法律关系。享有权利的人是债权人，负有义务的人是债务人。债是以请求权为特征的法律关系，债权人行使债权，只能通过请求债务人为或者不为一定行为得以实现。最后，债是因合同、侵权行为、无因管理、不当得利以及法律的其他规定而发生的法律关系。本章规定的是民事权利，因此从权利角度对债作了规定。债权是因合同、侵权行为、无因管理、不当得利以及法律的其他规定，权利人请求特定义务人为或者不为一定行为的权利。债权是现代社会生活中民事主体的一项重要财产权利。根据本条的规定，债的发生原因包括以下几种情况：(1)合同。合同是民事主体之间设立、变更、终止民事法律关系的协议。合同依法成立后，即在当事人之间产生债权债务关系。基于合同所产生的债为合同之债。

债权人有权按照合同约定,请求合同义务人履行合同义务。(2)侵权行为。侵权行为,是指侵害他人民事权益的行为。因侵权行为,侵权人与被侵权人之间形成债权债务关系。侵权行为之债不是侵权人所愿意发生的法律后果,法律确认侵权行为之债的目的在于通过债权和民事责任使侵权行为人承担其不法行为所造成的不利后果,给被侵权人救济,从而保护民事主体的合法民事权益。(3)无因管理。无因管理,是指没有法定的或者约定的义务,为避免他人利益受损失而进行管理的行为。因无因管理产生的债称为无因管理之债。无因管理之债并不是基于当事人的意愿设定的,而是根据法律的规定,为法定之债。(4)不当得利。不当得利,是指没有法律根据,取得不当利益,造成他人损失的情形。不当得利为债的发生原因,基于不当得利而产生的债称为不当得利之债。不当得利之债是法律为纠正不当得利,直接赋予当事人的权利义务,也是法定之债。(5)法律的其他规定。合同、侵权行为、无因管理、不当得利是债的发生的主要原因,除此之外,法律的其他规定也会引起债的发生,使民事主体依法享有债权。

第一百一十九条　【合同的约束力】依法成立的合同,对当事人具有法律约束力。

条文注解

根据自愿原则,是否订立合同、与谁订立合同、合同的内容如何等,由当事人自愿约定。但是,合同依法成立以后,对当事人就具有了法律约束力。所谓法律约束力,是指当事人应当按照合同的约定履行自己的义务,非依法律规定或者取得对方同意,不得擅自变更或者解除合同。

关联法规

《民法典》第465条

第一百二十条 【侵权责任的承担】民事权益受到侵害的，被侵权人有权请求侵权人承担侵权责任。

条文注解

侵权人在其民事权益被侵权人侵害构成侵权时，有权请求侵权人承担侵权责任。这种权利是一种请求权，所谓请求权，是指请求他人为一定行为或者不为一定行为的权利。请求权人自己不能直接取得作为该权利内容的利益，必须通过他人的特定行为间接取得。在侵权人的行为构成侵权，侵害了被侵权人的民事权益时，被侵权人有权请求侵权人承担侵权责任。被侵权人可以直接向侵权人行使请求权，也可以向法院提起诉讼，请求法院保护自己的合法权益。

侵权人承担侵权责任有多种方式。根据本法第179条的规定，承担民事责任的方式主要有：停止侵害，排除妨碍，消除危险，返还财产，恢复原状，修理、重作、更换，继续履行，赔偿损失，支付违约金，消除影响、恢复名誉，赔礼道歉。法律规定惩罚性赔偿的，依照其规定。承担民事责任的方式，可以单独适用，也可以合并适用。

关联法规

《民法典》第179条

第一百二十一条 【无因管理】没有法定的或者约定的义务，为避免他人利益受损失而进行管理的人，有权请求受益人偿还由此支出的必要费用。

条文注解

无因管理，是指没有法定的或者约定的义务，为避免他人利益受损失而进行管理的行为。管理他人事务的人为管理人，因管理人管理其事务而受益的人为受益人。根据本法的规定，构成无因管理，有以下几个要件：

一是管理他人事务。管理他人事务，即为他人进行管理，这是成立无因管理的首要条件。如将自己的事务误认为他人事务进行管理，即使目的是为他人避免损失，也不能构成无因管理。

二是为避免他人利益受损失。一般来说，在既无法定义务又无约定义务的情况下，管理他人的事务，属于干预他人事务的范畴。而法律规定的无因管理，是为避免他人利益受损失而进行管理的行为。符合助人为乐、危难相助的道德准则的行为，应该得到鼓励和受到保护。

三是没有法定的或者约定的义务。无因，是指没有法定的或者约定的义务。没有法定的或者约定的义务是无因管理成立的重要条件。如果行为人负有法定的或者约定的义务进行管理，则不能构成无因管理。

根据本条的规定，符合以上三个要件，构成无因管理的，无因管理发生后，管理人依法享有请求受益人偿还因管理行为支出的必要费用的权利，受益人有偿还该项费用的义务。需要注意的是，符合以上三个要件的无因管理只是原则上享有费用返还请求权，但管理人管理事务的行为不符合受益人的真实意愿的，根据本法合同编关于"无因管理"第979条的规定，管理人不享有前款规定的权利，但是，受益人的真实意思违反法律或者违背公序良俗的除外。

第一百二十二条　【不当得利】因他人没有法律根据，取得不当利益，受损失的人有权请求其返还不当利益。

条文注解

不当得利,是指没有法律根据,取得不当利益,造成他人损失的情形。不当得利制度对民事主体之间的财产流转关系有调节作用,目的在于恢复民事主体之间在特定情形下所发生的非正常的利益变动。因不当得利产生的债称为不当得利之债。本条规定,因他人没有法律根据,取得不当利益,受损失的人有权请求其返还不当利益。不当得利在民法中产生的情况主要有以下几种:一是民事法律行为不成立、无效及被撤销所产生的不当得利;二是履行不存在的债务所引起的不当得利;三是因合同解除产生的不当得利;四是基于受益人、受害人或第三人行为而产生的不当得利;五是基于事件而产生的不当得利。

根据本法的规定,构成不当得利,有以下几个要件:

一是民事主体一方取得利益。取得利益,是指财产利益的增加。既包括积极的增加,即财产总额的增加;也包括消极的增加,即财产总额应减少而未减少,如本应支付的费用没有支付等。

二是民事主体他方受到损失。受到损失,是指财产利益的减少。既包括积极损失,即财产总额的减少;也包括消极损失,即应当增加的利益没有增加。

三是一方取得利益与他方受到损失之间有因果关系。一方取得利益与他方受到损失之间有因果关系,是指他方的损失是因一方获得利益造成的。

四是没有法律根据。没有法律根据是构成不当得利的重要要件。如果一方取得利益和他方受到损失之间有法律根据,民事主体之间的关系就受到法律的认可和保护,不构成不当得利。

第一百二十三条　【知识产权的定义】民事主体依法享有知识产权。

知识产权是权利人依法就下列客体享有的专有的权利:

（一）作品；
（二）发明、实用新型、外观设计；
（三）商标；
（四）地理标志；
（五）商业秘密；
（六）集成电路布图设计；
（七）植物新品种；
（八）法律规定的其他客体。

条文注解

知识产权有以下特征：一是知识产权是一种无形财产权。二是知识产权具有财产权和人身权的双重属性，如作者享有发表权、署名权、修改权等人身权。三是知识产权具有专有性。法律规定知识产权为权利人专有，除权利人同意或法律规定外，权利人以外第三人不得享有或者使用该项权利，否则为侵害他人的知识产权。四是知识产权具有地域性，法律确认和保护的知识产权，除该国与他国条约或参加国际公约外，只在一国领域内发生法律效力。五是知识产权具有时间性，各国法律对知识产权的保护都有严格的时间限制。丧失效力的知识产权客体进入公有领域，成为全人类共有的财富。

根据本条的规定，知识产权是权利人依法就下列客体所享有的专有权利：

1. 作品。对作品的知识产权保护主要规定在著作权相关法律法规中。《著作权法》第3条规定，本法所称的作品，包括以下列形式创作的文学、艺术和自然科学、社会科学、工程技术等作品：(1)文字作品；(2)口述作品；(3)音乐、戏剧、曲艺、舞蹈、杂技艺术作品；(4)美术、建筑作品；(5)摄影作品；(6)电影作品和以类似摄制电影的方法创作的作品;(7)工程设计图、产品设计图、地图、示意图等图形作品和模型作品;(8)计算机软件;(9)法律、行政法规规定的其他作品。

权利人依法就作品享有的专有权利是著作权。根据《著作权法》的规定,著作权,是指著作权人对其作品享有的人身权和财产权,包括发表权、署名权、修改权、保护作品完整权、复制权、发行权、出租权、展览权、表演权、放映权、广播权、信息网络传播权、摄制权、改编权、翻译权、汇编权和应当由著作权人享有的其他权利。

2. 发明、实用新型、外观设计。对发明、实用新型、外观设计的知识产权保护主要规定在专利权相关法律法规中。《专利法》第 2 条规定,本法所称的发明创造,是指发明、实用新型和外观设计。发明,是指对产品、方法或者其改进所提出的新的技术方案。实用新型,是指对产品的形状、构造或者其结合所提出的适于实用的新的技术方案。外观设计,是指对产品的形状、图案或者其结合以及色彩与形状、图案的结合所作出的富有美感并适于工业应用的新设计。

3. 商标。对商标的知识产权保护主要规定在商标权相关法律法规中。《商标法》第 3 条第 1~3 款规定,经商标局核准注册的商标为注册商标,包括商品商标、服务商标和集体商标、证明商标。该法所称集体商标,是指以团体、协会或者其他组织名义注册,供该组织成员在商事活动中使用,以表明使用者在该组织中的成员资格的标志。该法所称证明商标,是指由对某种商品或者服务具有监督能力的组织所控制,而由该组织以外的单位或者个人使用于其商品或者服务,用以证明该商品或者服务的原产地、原料、制造方法、质量或者其他特定品质的标志。

4. 地理标志,是指标示某商品来自某地区,该商品的特定质量、信誉或者其他特征,主要由该地区的自然因素或者人文因素所决定的标志。权利人依法就地理标志享有专有权。

5. 商业秘密,是指不为公众所知悉、能为权利人带来经济利益、具有实用性并经权利人采取保密措施的技术信息和经营信息。权利人依法对商业秘密享有专有权。

6. 集成电路布图设计，是指集成电路中至少有一个是有源元件的两个以上元件和部分或者全部互联线路的三维配置，或者为制造集成电路而准备的上述三维配置。权利人依法对集成电路布图设计享有专有权。

7. 植物新品种，是指经过人工培育的或者对发现的野生植物加以开发，具备新颖性、特异性、一致性和稳定性并有适当命名的植物品种。

关联法规

《著作权法》第3条，《专利法》第2条，《商标法》第3、16、57条，《商标法实施条例》第4条，《反不正当竞争法》第5、10条，《种子法》第25、28条，《农业法》第23、49条，《集成电路布图设计保护条例》第2条

第一百二十四条　【继承权】自然人依法享有继承权。

自然人合法的私有财产，可以依法继承。

第一百二十五条　【投资性权利】民事主体依法享有股权和其他投资性权利。

条文注解

股权，是指民事主体因投资于公司成为公司股东而享有的权利。根据行使目的和方式的不同，股权可分为自益权和共益权两部分。自益权，是指股东基于自身利益诉求而享有的权利，可以单独行使，包括

资产收益权、剩余财产分配请求权、股份转让权、新股优先认购权等。共益权，是指股东基于全体股东或者公司的利益诉求而享有的权利，包括股东会表决权、股东会召集权、提案权、质询权、公司章程及账册的查阅权、股东会决议撤销请求权等。

其他投资性权利，是指民事主体通过投资享有的权利。如民事主体通过购买证券、基金、保险等进行投资而享有的民事权利。根据本条的规定，民事主体依法享有其他投资性权利。这些投资性权利的具体权利内容根据证券法等具体法律规定依法享有。

关联法规

《公司法》第4条

第一百二十六条 【其他民事权益】民事主体享有法律规定的其他民事权利和利益。

第一百二十七条 【数据、网络虚拟财产的保护】法律对数据、网络虚拟财产的保护有规定的，依照其规定。

关联法规

《网络安全法》第10条

第一百二十八条 【民事权利的特别保护】法律对未成年人、老年人、残疾人、妇女、消费者等的民事权利保护有特别规定的，依照其规定。

第一百二十九条 【民事权利的取得方式】民事权利可以依据民事法律行为、事实行为、法律规定的事件或者法律规定的其他方式取得。

条文注解

民事权利的取得,是指民事主体依据合法的方式获得民事权利。根据本条的规定,民事权利可以依据民事法律行为、事实行为、法律规定的事件或者法律规定的其他方式取得。

1. 民事法律行为。民事法律行为,是指民事主体通过意思表示设立、变更、终止民事法律关系的行为,民法理论一般称为法律行为。如订立买卖合同的行为、订立遗嘱、放弃继承权、赠与等。《民法典》总则编第 6 章专章规定了民事法律行为,对民事法律行为的概念、成立、效力等作了规定。

2. 事实行为。事实行为,是指行为人主观上没有引起民事法律关系发生、变更或者消灭的意思,而依照法律的规定产生一定民事法律后果的行为。如自建房屋、拾得遗失物、无因管理行为、劳动生产等。事实行为有合法的,也有不合法的。拾得遗失物等属于合法的事实行为,侵害他人的人身、财产的侵权行为是不合法的事实行为。民事权利可以依据事实行为取得,如民事主体因无因管理行为取得对他人的无因管理债权等。

3. 法律规定的事件。法律规定的事件,是指与人的意志无关而根据法律规定能引起民事法律关系变动的客观情况,如自然人的出生、死亡,自然灾害,生产事故,果实自落以及时间经过等。民事权利可以依据法律规定的事件取得,如民事主体因出生取得继承权等。

4. 法律规定的其他方式。除了民事法律行为、事实行为、法律规定的事件,民事权利还可以依据法律规定的其他方式取得。如物权编

第 229 条规定,因人民法院、仲裁机构的法律文书或者人民政府的征收决定等,导致物权设立、变更、转让或者消灭的,自法律文书或者征收决定等生效时发生效力。

第一百三十条 【按照自己的意愿依法行使民事权利】民事主体按照自己的意愿依法行使民事权利,不受干涉。

条文注解

自愿原则是民法的一项基本原则,贯穿整个民法典。本条是自愿原则在行使民事权利中的体现,民事主体按照自己的意愿依法行使民事权利,不受干涉体现在:一是民事主体有权按照自己的意愿依法行使民事权利或者不行使民事权利;二是民事主体有权按照自己的意愿选择依法行使的民事权利内容;三是民事主体有权按照自己的意愿选择依法行使民事权利的方式。民事主体按照自己的意愿行使权利,任何组织和个人不得非法干涉。

第一百三十一条 【权利义务一致】民事主体行使权利时,应当履行法律规定的和当事人约定的义务。

第一百三十二条 【不得滥用民事权利】民事主体不得滥用民事权利损害国家利益、社会公共利益或者他人合法权益。

条文注解

不得滥用民事权利,指民事权利的行使不得损害国家利益、社会公共利益或者他人合法权益。每一个民事主体都有权行使自己所享有的权利,法律也鼓励民事主体行使自己的权利,但是权利的行使有一定界限，行使民事权利损害国家利益、社会公共利益或者他人合法权益的，为滥用民事权利。民法一方面鼓励权利主体正当地行使权利，另一方面为权利的行使划定了明确的界限，即不得滥用民事权利损害国家利益、社会公共利益或者他人合法权益。滥用民事权利损害国家利益、社会公共利益或者他人合法权益可构成侵权。滥用民事权利和侵权存在区别：权利滥用的前提是有正当权利存在，且是权利行使或与权利行使有关的行为，侵权行为一般事先没有正当权利存在；权利不得滥用原则是对民事主体行使民事权利的一定限制，通过限制民事主体不得滥用权利损害国家利益、社会公共利益或者他人合法权益，达到民事权利与国家利益、社会公共利益、他人合法权益的平衡，而侵权责任制度的目的是保护民事主体的权利。

关联法规

《宪法》第51条

第六章　民事法律行为

第一节　一般规定

第一百三十三条　【民事法律行为的定义】民事法律行为是民事主体通过意思表示设立、变更、终止民事法律关系的行为。

条文注解

民事法律行为是对合同行为、婚姻行为、遗嘱行为等一系列能够产生具体权利义务关系的行为的抽象和概括，是民事主体在民事活动中实现自己意图的一项重要民事制度。

根据本条的规定,民事法律行为具有以下几个特征:

(1)民事法律行为是民事主体实施的行为。非民事主体实施的行为不是民事法律行为,如司法机关作出的裁决、行政机关作出的处罚决定等也会产生法律后果,但其不是以民事主体身份作出的行为,因而裁决和处罚决定不属于民事法律行为。但机关在履行公共管理职能过程中可能会进行一些民事活动,如行政机关购买办公用品、修建办公大楼等,从事这些活动时是以机关法人的民事主体身份进行的,其实施的行为也属于民事法律行为。

(2)民事法律行为应当是以发生一定的法律效果为目的的行为。民事主体在社会生产生活中会从事各种各样的活动,但并非任何行为都是民事法律行为。根据本条的规定,只有以设立、变更、终止民事法律关系为目的的行为才是民事法律行为,其最终结果是让民事主体具体地享受民事权利、承担民事义务。所谓设立民事法律关系,是指民事主体通过民事法律行为形成某种法律关系,如双方当事人通过要约和承诺形成的买卖关系、租赁关系、委托关系等合同关系。所谓变更民事法律关系,是指民事主体在保持原有民事法律关系效力的基础上,通过民事法律行为对其内容作出一些调整。所谓消灭民事法律关系,是指民事主体通过民事法律行为消灭原民事法律关系,终止其效力。这里需要强调的是,民事法律行为虽然是民事主体期望发生一定法律效果为目的的行为,但并非任何民事法律行为都能最终产生民事主体所期望的法律效果。民事主体所从事的民事法律行为既可能是合法的,也可能是非法的,这与《民法通则》关于民事法律行为的规定有很大的不同。根据本章第三节关于民事法律行为效力的规定,合法有效的民事法律行为能产生民事主体所期望发生的法律效果,但是非法的民事法律行为则不一定能产生民事主体所期望的法律效果。例如,无效的民事法律行为就确定地不发生民事主体所希望发生的法律效果;如果当事人提出撤销的申请,可撤销的民事法律行为也不能实现民事主体所希望的法律效果。非法的民事法律行为虽然可能不能实现民事主体意欲实现的法律效果,但是都可能产生一定的法律后果,例如,根据本章的规定,欺诈、胁迫等民事法律行为是非法的,可能产生民事法律行为被撤销的法律后果;又如,根据本章的规定,恶意串通损害他人合法权益的民事法律行为会产生无效的法律后果。

(3)民事法律行为是以意思表示为核心要素的行为。意思表示,是指民事主体意欲发生一定法律效果的内心意思的外在表达,是民事法律行为最为核心的内容。民事法律行为之所以能对民事主体产生法律约束力,就是因为其是民事主体按照自己的意思作出的,这也是民事法律行为与事实行为最根本的区别。

第一百三十四条 【民事法律行为的成立】民事法律行为可以基于双方或者多方的意思表示一致成立,也可以基于单方的意思表示成立。

法人、非法人组织依照法律或者章程规定的议事方式和表决程序作出决议的,该决议行为成立。

条文注解

本条第1款根据不同的民事法律行为类型对其不同的成立条件和成立时间作了规定。

第一,双方民事法律行为。双方民事法律行为,是指双方当事人意思表示一致才能成立的民事法律行为。最为典型的双方民事法律行为是合同。双方民事法律行为与单方民事法律行为的最大区别是行为的成立需要双方的意思表示一致,仅凭一方的意思表示而没有经过对方的认可或者同意不能成立。

第二,多方民事法律行为。多方民事法律行为,是指根据两个以上的民事主体的意思表示一致而成立的行为。订立公司章程的行为和签订合伙协议的行为就是较为典型的多方民事法律行为。

第三,单方民事法律行为。单方民事法律行为,是指根据一方的意思表示就能够成立的行为。与双方民事法律行为不同,单方民事法律行为不存在相对方,其成立不需要其他人的配合或者同意,而是依据行为人自己一方的意志就可以产生自己所期望的法律效果。在现实生活中单方民事法律行为也不少,这些民事法律行为从内容上划分,主要可以分为两类:(1)行使个人权利而实施的单方行为,如所有权人抛弃所有权的行为等,这些单方民事法律行为仅涉及个人的权利变动,不涉及他人的权利变动;(2)涉及他人权利变动的单方民事法律行为,如立遗嘱,授予代理权,行使撤销权、解除权、选择权等处分形成权的行为。

本条第2款还规定了一种较为特殊的民事法律行为,即决议行为。决议行为是两个或者两个以上的当事人基于共同的意思表示而意图实现一定法律效果而实施的行为,其满足民事法律行为的所有条件,是一种民事法律行为。但是与多方民事法律行为、双方民事法律行为和单方民事法律行为相比,其又具有特殊性,这种特殊性体现在三个方面:一是双方民事法律行为或者多方民事法律行为需要所有当事人意思表示一致才能成立,决议行为一般并不需要所有当事人意思表示一致才能成立,而是多数人意思表示一致就可以成立。二是双方民事法律行为或者多方民事法律行为的设立过程一般不需要遵循特定的程序,而决议行为一般需要依一定的程序才能设立,根据本条的规定,决议行为的设立应当依照法律或者章程规定的议事方式和表决程序。三是双方民事法律行为或者多方民事法律行为适用的范围一般不受限制,而根据本条的规定,决议行为原则上仅适用于法人或者非法人组织内部的决议事项。

需要强调的是,民事法律行为的成立是其生效的前提,根据本法第136条的规定,民事法律行为自成立时生效,但是法律另有规定或者当事人另有约定的除外。也就是说,除法律另有规定或者当事人另有约定外,民事法律行为原则上在成立时就对当事人产生法律约束力，任何一方都不得擅自变更或者解除。

第一百三十五条 【民事法律行为的形式】民事法律行为可以采用书面形式、口头形式或者其他形式；法律、行政法规规定或者当事人约定采用特定形式的，应当采用特定形式。

条文注解

根据本条的规定，民事法律行为可以采用书面形式、口头形式或者其他形式。(1)书面形式，是指以文字等可以有形形式再现民事法律行为内容的形式。书面形式的种类很多，根据本法第469条第2款、第3款的规定，书面形式是合同书、信件、电报、电传、传真等可以有形地表现所载内容的形式。以电子数据交换、电子邮件等方式能够有形地表现所载内容，并可以随时调取查用的数据电文，视为书面形式。随着互联网技术的发展，微信、QQ等已成为人们社会交往的重要载体，也可以成为民事法律行为的载体，有的也属于书面形式的种类。(2)口头形式，是指当事人以面对面的谈话或者以电话交流等方式形成民事法律行为的形式。(3)在某些情况下，当事人还可以采取书面形式和口头形式之外的方式形成民事法律行为。例如在合同领域，可以根据当事人的行为或者特定情形推定合同的成立，也被称为默示合同。此类合同，是指当事人未用语言或者文字明确表示成立，而是根据当事人的行为推定合同成立。这类合同在现实生活中有很多，如租房合同的期限届满后，出租人未提出让承租人退房，承租人也未表示退房而是继续交房租，出租人也接受了租金。根据双方的行为，可以推定租赁合同继续有效。

对于民事法律行为是采用书面形式、口头形式还是其他形式，由当事人自主选择，法律原则上不干涉，但在一些特殊情况下，出于保护交易安全、避免纠纷等考虑，有的法律、行政法规会对民事法律行为提出特殊要求，或者当事人会约定民事法律行为采用特定形式，在这种情况下，应当采用特定形式。

第一百三十六条 【民事法律行为的生效时间】民事法律行为自成立时生效，但是法律另有规定或者当事人另有约定的除外。

行为人非依法律规定或者未经对方同意，不得擅自变更或者解除民事法律行为。

条文注解

1. 成立时就生效的民事法律行为必须是具备一般有效要件的民事法律行为，根据本法第143条的规定，具备下列条件的民事法律行为有效：(1)行为人具有相应的民事行为能力；(2)意思表示真实；(3)不违反法律、行政法规的强制性规定，不违背公序良俗。

2. 在成立时并不立即生效，只有满足特殊生效要件后才生效。例如，本章第四节规定的附生效条件和附生效期限的民事法律行为在成立时并不立即生效，只有在条件成就时或者期限届至时才生效。又如，遗嘱行为只有在遗嘱人死亡后才生效。本法第502条第2款规定，法律、行政法规规定合同应当办理批准等手续的，依照其规定。

3. 基于自愿原则，当事人对民事法律行为何时生效也可以约定。

关联法规

《民法典》第134、143、502条

第二节 意思表示

第一百三十七条 【有相对人的意思表示生效时间】以对话方式作出的意思表示，相对人知道其内容时生效。

以非对话方式作出的意思表示，到达相对人时生效。以非对话方式作出的采用数据电文形式的意思表示，相对人指定特定系统接收数据电文的，该数据电文进入该特定系统时生效；未指定特定系统的，相对人知道或者应当知道该数据电文进入其系统时生效。当事人对采用数据电文形式的意思表示的生效时间另有约定的，按照其约定。

条文注解

意思表示，是指行为人为了产生一定民法上的效果而将其内心意思通过一定方式表达于外部的行为。意思表示中的“意思”，是指设立、变更、终止民事法律关系的内心意图；“表示”，是指将内心意思以适当方式向适当对象表示出来的行为。意思表示具有如下特征：一是意思表示的表意人具有使民事法律关系发生变动的意图。通过这种意图，表意人可以依据自己的主观意志发生法律关系，所以从这一角度来讲，意思表示是实现意思自治的工具。二是意思表示是一个将意思由内到外表示的过程。一个人内心可能有很多的主观意思，但是若不通过适当的方式表示出来，让他人知晓，其内心意思就没有任何法律意义。三是意思表示可以产生一定的法律效果。符合法定生效要件的意思表示可以发生当事人预期的法律效果。意思表示作为民事法律行为中最为核心的要素，对于确定民事法律行为的效力具有重要作用。

本条是对有相对人的意思表示生效时间的规定。对于此类情况，本条又根据是否采用对话方式作了不同规定：

(1)以对话方式作出的意思表示。所谓以对话方式作出的意思表示，是指采取使相对方可以同步受领的方式进行的意思表示，如面对面交谈、电话等方式。在以这种方式进行的意思表示中，表意人作出意思表示和相对人受领意思表示是同步进行的，没有时间差。因此，表意人作出意思表示并使相对人知道时即发生效力。基于此,本条第1款规定,以对话方式作出的意思表示,相对人知道其内容时生效。

(2)以非对话方式作出的意思表示。以非对话方式作出的意思表示,是表意人作出意思表示的时间与相对人受领意思表示的时间不同步,二者之间存在时间差。非对话的意思表示在现实生活中存在的形式多样,如传真、信函等。我国的民事立法对意思表示的生效时间的规定也采用了到达主义的模式。《合同法》规定,当事人的要约和承诺到达对方当事人时生效。本条延续了《合同法》的做法,规定以非对话方式作出的意思表示,到达相对人时生效。需要强调的是,这里“到达”并不意味着相对人必须亲自收到,只要进入相对人通常的地址、住所或者能够控制的地方(如信箱)即可视为到达,意思表示被相对人的代理人收到也可以视为“到达”。送达相对人时生效还意味着即使在意思表示送达相对人前相对人已经知道该意思表示内容的,该意思表示也不生效。

(3)以非对话方式作出的采用数据电文形式的意思表示。“数据电文”系指经由电子手段、电磁手段、光学手段或类似手段生成、发送、接收或存储的信息,这些手段包括但不限于电子数据交换、电子邮件、电报、电传或传真。采用数据电文方式作出的意思表示虽然也是以非对话方式进行的,但由于其发出和到达具有自动性、实时性等特点,意思表示发出即到达,其生效规则也与一般的非对话方式作出的意思表示的生效时间有所区别。采用数据电文形式订立合同,收件人指定特定系统接收数据电文的,该数据电文进入该特定系统的时间,视为到达时间;未指定特定系统的,该数据电文进入收件人的任何系统的首次时间,视为到达时间。

当事人对采用数据电文形式的意思表示的生效时间另有约定的,按照其约定。这主要是为了尊重当事人对意思表示生效时间的约定,体现意思自治。在现实生活中,当事人可以约定数据电文形式意思表示的生效时间可以不是该意思表示进入特定系统的时间。有这种约定的，从其约定。

关联法规

《电子签名法》第11条

第一百三十八条 【无相对人的意思表示生效时间】无相对人的意思表示，表示完成时生效。法律另有规定的，依照其规定。

条文注解

本条规定，无相对人的意思表示在完成时生效，这是无相对人意思表示生效的一般性规则。但有时法律对无相对人的意思表示的生效时间会作出特别规定，例如，根据本法继承编的规定，遗嘱这种无相对人的意思表示自遗嘱人死亡时发生效力。所以，本条还规定，法律对无相对人意思表示的生效时间另有规定的，依照其规定。

第一百三十九条 【以公告方式作出的意思表示生效时间】以公告方式作出的意思表示，公告发布时生效。

条文注解

本条规定，对于以公告方式作出的意思表示，公告发布时生效。这里的“公告方式”既可以是在有关机构的公告栏，例如，人民法院的公告栏；也可以是在报纸上刊登公告的方式。以公告方式作出的意思表示，表意人一旦发出公告能够为社会公众所知道，就认为意思表示已经到达，即发生效力。理解本条还需要注意：本条所规定的表意人并不是在任何情况都可以采用公告方式作出意思表示，只有在表意人非因自己的过错而不知相对人的下落或者地址的情况下才可以采用公告方式作出意思表示，否则对相对人很不公平。在表意人知道相对人下落的情况下，表意人不得采用公告方式作出意思表示，除非相对人同意。

第一百四十条 【意思表示的作出方式】行为人可以明示或者默示作出意思表示。

沉默只有在有法律规定、当事人约定或者符合当事人之间的交易习惯时，才可以视为意思表示。

条文注解

在现实生活中，行为人作出意思表示的方式很多，归纳起来大体上可以分为两类：一是以明示的方式作出意思表示。所谓明示的意思表示，就是行为人以作为的方式使相对人能够直接了解到意思表示的内容。以明示方式作出的意思表示具有直接、明确、不易产生纠纷等特征。二是以默示方式作出的意思表示。这种方式又称为行为默示，是指行为人虽没有以语言或文字等明示方式作出意思表示，但以行为的方式作出了意思表示。这种方式虽不如明示方式那么直接表达出意思表示的内容，但通过其行为可以推定出其作出一定的意思表示。在现实生活中，以默示方式作出的意思表示也比较常见。例如，某人向自动售货机投入货币的行为即可推断其作出了购买物品的意思表示。又如，某人乘坐无人售票的公交车时，其投币行为就可以视为其具有缔结运输合同的意思表示。

意思表示原则上都需要以明示或者默示的方式作出。但是在现实生活中也会出现一种特殊情形，即行为人作出意思表示时既无语言等明示方式，也无行为等默示方式，在一定条件下仍可视为意思表示。这种情形就是以沉默的方式作出的意思表示。沉默是一种既无语言表示也无行为表示的纯粹的缄默，是一种完全的不作为，从法学理论和境外的立法例来看，原则上纯粹的不作为不能视为当事人有意思表示。也就是说，与明示和默示原则上可以作为意思表示的方式不同，沉默原则上不得作为意思表示的方式。只有在有法律规定、当事人约定或者符合当事人之间的交易习惯时，才可以视为意思表示。

第一百四十一条　【意思表示的撤回】行为人可以撤回意思表示。撤回意思表示的通知应当在意思表示到达相对人前或者与意思表示同时到达相对人。

条文注解

意思表示的撤回，是指在意思表示作出之后发生法律效力之前，意思表示的行为人欲使该意思表示不发生效力而作出的意思表示。意思表示之所以可以撤回，是因为意思表示生效才能发生法律约束力，在其尚未生效之前，不会对意思表示的相对人产生任何影响，也不会对交易秩序产生任何影响，因此，在此阶段应当允许行为人使未发生法律效力的意思表示不产生预期的效力，这也是对行为人意思自由的充分尊重。基于此，本条规定，行为人可以撤回意思表示。

行为人可以撤回意思表示，但不是在任何情况下都可以撤回其意思表示，而是有条件的。根据本条的规定，撤回意思表示的通知应当在意思表示到达相对人前或者与意思表示同时到达相对人。如果撤回意思表示的通知在意思表示到达相对人之后到达的，该意思表示已经生效，是否能够使其失效，则取决于相对人是否同意。因此，行为人若要撤回意思表示，必须选择以快于意思表示作出的方式发出撤回的通知，使之能在意思表示到达之前到达相对人。如果意思表示的行为人作出意思表示以后又立即以比作出意思表示更快的方式发出撤回通知，按照通常情况，撤回的通知应当先于或者最迟与意思表示同时到达相对人，但因为其他原因耽误了，撤回的通知在意思表示到达相对人后才到达相对人,在这种情况下,相对人应当根据诚信原则及时通知意思表示的行为人,告知其撤回的通知已经迟到,意思表示已经生效;如果相对人怠于通知行为人,行为人撤回意思表示的通知视为未迟到,仍发生撤回表示的效力。

理解本条需要注意以下两点:

一是意思表示的撤回原则上只有在该意思表示有相对人的情况下才有意义,若是无相对人的意思表示则不存在撤回不撤回的问题,只可能撤销。

二是意思表示的撤回与意思表示的撤销是不同的。根据本条的规定,意思表示的撤回是在意思表示未生效前使其不发生效力;而意思表示的撤销,是指在意思表示作出并生效之后,行为人又作出取消其意思表示的表示。由于意思表示在到达后已经生效,相对人已知悉了意思表示的内容,甚至可能已经对该意思表示产生了合理的信赖,因此,行为人能否在意思表示生效后取消其意思表示,需要考虑保障相对人合理信赖的问题。这与意思表示撤回中仅考虑保护意思表示行为人对其意思表示的自由处分权利存在较大区别。考虑到意思表示生效后,已经对行为人产生了法律约束力,能否撤销,要平衡行为人和相对人的利益,不宜泛泛规定行为人可以撤销意思表示。基于此,合同编第476条规定,要约可以撤销,但有下列情形之一的,要约不得撤销:(1)要约人以确定承诺期限或者其他形式明示要约不可撤销;(2)受要约人有理由认为要约是不可撤销的,并已经为履行合同做了合理准备工作。所以,总则编只规定了意思表示的撤回,未规定意思表示的撤销。

第一百四十二条 【意思表示的解释】有相对人的意思表示的解释,应当按照所使用的词句,结合相关条款、行为的性质和目的、习惯以及诚信原则,确定意思表示的含义。

无相对人的意思表示的解释，不能完全拘泥于所使用的词句，而应当结合相关条款、行为的性质和目的、习惯以及诚信原则，确定行为人的真实意思。

条文注解

根据本条第1款的规定，对有相对人的意思表示的解释，应当遵循以下规则：第一，首先要按照意思表示所使用的词句进行解释。对词句的解释应当按照一个合理人通常的理解来进行。第二，如果按通常的理解对有相对人的意思表示所使用的词句进行解释比较困难或者不合理的，则应当结合相关条款、行为的性质和目的、习惯及诚实信用原则，确定意思表示的含义。其中，按照习惯进行解释，是指在意思表示发生争议以后，应当根据当事人所知悉的生活和交易习惯来对意思表示进行解释。在运用习惯进行解释时，双方当事人应当对运用的习惯是否存在以及其内容进行举证证明，在当事人未举证的情况下，人民法院也可以主动适用习惯进行解释。

本条第2款对无相对人的意思表示的解释规则作了规定。需要强调的是，对无相对人的意思表示的解释，不能完全拘泥于意思表示所使用的词句，但不是完全抛开意思表示所使用的词句，这主要是为了防止在解释这类意思表示时自由裁量权过大，影响当事人的利益。例如，在对遗嘱进行解释时，虽说主要是探究遗嘱人立遗嘱的真实意思，但也不能完全不考虑遗嘱本身的词句。

第三节　民事法律行为的效力

第一百四十三条　【民事法律行为有效的条件】具备下列条件的民事法律行为有效：

（一）行为人具有相应的民事行为能力；

（二）意思表示真实；

（三）不违反法律、行政法规的强制性规定，不违背公序良俗。

条文注解

根据本条的规定，民事法律行为应当具备的有效条件包括：

第一，行为人具有相应的民事行为能力。民事行为能力是行为人通过自己行为参与民事活动，享有权利和承担义务的能力。与作为法律资格的民事权利能力相比，民事行为能力是行为人实施民事法律行为的相应保证。这里的“相应”，强调行为人所实施的民事法律行为应当与其行为能力相匹配：就完全民事行为能力人而言，可以从事一切民事法律行为，其行为能力不受限制；就限制行为能力人而言，只能实施与其年龄、智力、精神健康状况等相适应的民事法律行为，实施其他行为需要经过法定代理人的同意或者追认；而无行为能力人由于不具备行为能力，其实施的民事法律行为是无效的。

第二，意思表示真实。意思表示作为法律行为的核心要素，其真实性对于保证行为人正确实现行为目的至关重要。应当注意，此处的真实应作扩大解释，实际上还包含了传统民法理论意思表示自由的含义。例如，在因欺诈、胁迫实施民事法律行为的情形中，受欺诈人、受胁迫人的意思表示虽然从表面看是真实的，但实际上并非其内心自由意志的体现。在意思表示不真实的情况下，民事法律行为不能具备完全有效的效力。

第三，不违反法律、行政法规的强制性规定，不违背公序良俗。前者侧重于具体的法律规范对民事法律行为效力的要求，后者则是从公共秩序和善良习俗方面对民事法律行为提出的要求。

关联法规

《消费者权益保护法》第26条

第一百四十四条 【无民事行为能力人实施的民事法律行为的效力】无民事行为能力人实施的民事法律行为无效。

第一百四十五条 【限制民事行为能力人实施的民事法律行为的效力】限制民事行为能力人实施的纯获利益的民事法律行为或者与其年龄、智力、精神健康状况相适应的民事法律行为有效；实施的其他民事法律行为经法定代理人同意或者追认后有效。

相对人可以催告法定代理人自收到通知之日起三十日内予以追认。法定代理人未作表示的，视为拒绝追认。民事法律行为被追认前，善意相对人有撤销的权利。撤销应当以通知的方式作出。

条文注解

本条第1款是关于限制民事行为能力人从事的民事法律行为效力的规定，具体包括两层含义：(1)原则上，限制民事行为能力人所从事的民事法律行为，须经法定代理人同意或者追认才能有效。同意，指的是法定代理人事先对限制民事行为能力人实施某种民事法律行为予以明确认可；追认，指的是法定代理人事后明确无误地对限制民事行为能力人实施某种民事法律行为表示同意。无论是事先的同意还是事后的追认，都是法定代理人的单方意思表示，无须行为相对人的同意即可发生效力。需要说明的是，法定代理人对限制民事行为能力人行为的同意或者追认应当采用明示的方式作出，同时应当为行为相对人所知晓才能发生效力。(2)规定了部分民事法律行为无须经法定代理人同意或者追认即可有效。这些行为主要包括两类：一类是纯获利益的民事法律行为。所谓“纯获利益”,一般是指限制民事行为能力人在某种民事法律行为中只享有权利或者利益,不承担任何义务,如限制民事行为能力人接受赠与、奖励、报酬等。另一类是与限制民事行为能力人的年龄、智力、精神健康状态相适应的民事法律行为,这些民事法律行为多与日常生活相关,如对于8周岁以上的未成年人购买价值不高的学习用品、平日出行乘坐交通工具等;对于不能完全辨认自己行为的精神病人,在其健康状况允许时,可以实施某些民事法律行为,而不经其法定代理人追认。

本条第2款除规定相对人的催告权外,还规定了善意相对人的撤销权,即民事法律行为被追认前,善意相对人有撤销的权利。这里的撤销权,是指民事法律行为的相对人在法定代理人追认限制民事行为能力人实施的民事法律行为前,撤销自己在该民事法律行为中所作的意思表示。本条撤销权的行使应注意以下几点:(1)相对人撤销权的行使须在法定代理人追认之前,法定代理人一经追认,相对人不得再行使这一权利。(2)仅善意相对人可行使撤销权。所谓善意,是指相对人实施民事法律行为时并不知晓对方为限制民事行为能力人,且此种不知晓不构成重大过失。(3)相对人行使撤销权时,应当通过通知的方式作出,这种通知必须是明示的、明确的,不得通过默示的方式。

第一百四十六条 【虚假表示与隐藏行为的效力】行为人与相对人以虚假的意思表示实施的民事法律行为无效。

以虚假的意思表示隐藏的民事法律行为的效力,依照有关法律规定处理。

条文注解

虚假意思表示又称虚伪表示,所谓虚伪表示,是指行为人与相对人都知道自己所表示的意思并非真意,通谋作出与真意不一致的意思表示。虚伪表示的特征在于，双方当事人都知道自己所表示出的意思不是真实意思，民事法律行为本身欠缺效果意思，双方均不希望此行为能够真正发生法律上的效力。

本条第1款是对双方以虚假意思表示作出的民事法律行为效力的规定，即行为人与相对人以虚假的意思表示实施的民事法律行为无效。这一规定的含义是：双方通过虚假的意思表示实施的民事法律行为是无效的。之所以对通过虚伪表示实施的民事法律行为的效力予以否定，是因为这一"意思表示"所指向的法律效果并非双方当事人的内心真意，双方对此相互知晓，如果认定其为有效，有悖于意思自治的原则。本款虽未明确规定行为人与相对人须通谋而为虚假的意思表示，实际上双方对虚假意思表示达成一致的结果反映出二者必须有一个意思联络的过程。这也是虚伪表示区别于真意保留的重要一点，真意保留的相对人并不知晓行为人表示的是虚假意思。

本条第2款是对隐藏行为效力的规定，以虚假的意思表示隐藏的民事法律行为的效力，依照有关法律规定处理。所谓隐藏行为，又称隐匿行为，是指在虚伪表示掩盖之下行为人与相对人真心所欲达成的民事法律行为。根据虚伪表示与隐藏行为的对应关系，有虚伪表示，未必存在隐藏行为；但有隐藏行为，则一定存在虚伪表示。前者如以逃避债务为目的的假赠与，赠与行为是通过虚伪表示而实施的行为，但并不存在隐藏行为；后者如名为赠与实为买卖，赠与行为是通过虚伪表示实施的行为，而买卖则是掩盖在虚伪表示之下的隐藏行为。根据本条的规定，当同时存在虚伪表示与隐藏行为时，虚伪表示无效，隐藏行为并不因此无效，其效力如何，应当依据有关法律规定处理。

第一百四十七条　【基于重大误解实施的民事法律行为的效力】基于重大误解实施的民事法律行为，行为人有权请求人民法院或者仲裁机构予以撤销。

条文注解

认定重大误解需满足以下几个条件:一是行为人主观上存在错误认识,这种错误既可以是关于行为的性质,也可以是关于行为的相对人、交易标的的质量、数量等;二是行为的结果与行为人的意思相悖;三是行为人的错误认识与行为后果之间存在因果关系,即如果没有这种错误认识,将不会产生该行为后果;四是行为人在客观上遭受了较大损失,如果没有损失或者损失较小,也不能构成重大误解。

第一百四十八条 【以欺诈手段实施的民事法律行为的效力】一方以欺诈手段,使对方在违背真实意思的情况下实施的民事法律行为,受欺诈方有权请求人民法院或者仲裁机构予以撤销。

条文注解

民法中的欺诈,一般是指行为人故意欺骗他人,使对方陷入错误判断,并基于此错误判断作出意思表示的行为。欺诈的构成要件一般包括以下四项:一是行为人须有欺诈的故意。这种故意既包括使对方陷入错误判断的故意,也包括诱使对方基于此错误判断而作出意思表示的故意。二是行为人须有欺诈的行为。这种行为既可以是故意虚构虚假事实,也可以是故意隐瞒应当告知的真实情况等。三是受欺诈人因行为人的欺诈行为陷入错误判断,即欺诈行为与错误判断之间存在因果关系。四是受欺诈人基于错误判断作出意思表示。

第一百四十九条 【受第三人欺诈的民事法律行为的效力】第三人实施欺诈行为,使一方在违背真实意思的情况下实施的民事法律行为,对方知道或者应当知道该欺诈行为的,受欺诈方有权请求人民法院或者仲裁机构予以撤销。

条文注解

针对第三人欺诈的行为作了规定，主要内容包括：(1)当事人以外的第三人对一方当事人实施了欺诈行为，并致使该当事人陷入错误判断且据此作出了意思表示。欺诈行为的具体形式，有可能是故意告知虚假信息，或者故意隐瞒真实情况，也可能存在其他不同形式，但其根本目的在于使受欺诈人陷入错误认识，作出"若了解真实情况便不会作出的"意思表示。(2)受欺诈人享有对民事法律行为的撤销权，但该撤销权行使须满足一定条件。具体来说，第三人实施欺诈行为，只有在受欺诈人的相对方不属于善意时，受欺诈人才能行使撤销权。相对方的这种非善意表现为，对于第三人的欺诈行为，其知道或者应当知道。在实践中，对于第三人实施的欺诈行为，受欺诈人的相对方既可能知情，也可能不知情。例如，在欺诈买受人购买朋友二手车的例子中，二手车的出卖人既可能知道交易的达成系其朋友欺诈买受人的结果，也可能对此并不知情，单纯认为买受人愿意购买自己的二手车。法律仅赋予相对方知情时受欺诈人撤销民事法律行为的权利，体现了对善意相对人的保护。(3)撤销权的行使仍须通过人民法院或者仲裁机构。

还有一个问题需要说明，在一方当事人实施欺诈行为时，相对人对欺诈并不知情，由此陷入错误判断并作出意思表示。在此种情形下，相对人必然为善意，应当享有撤销权。此时，受欺诈人尽管不能通过行使撤销权的方式保护其自身权益，但如果其权益因此受损，并不妨碍其向实施欺诈的第三人主张赔偿。

第一百五十条　【以胁迫手段实施的民事法律行为的效力】一方或者第三人以胁迫手段，使对方在违背真实意思的情况下实施的民事法律行为，受胁迫方有权请求人民法院或者仲裁机构予以撤销。

条文注解

所谓胁迫,是指行为人通过威胁、恐吓等不法手段对他人思想上施加强制,由此使他人产生恐惧心理并基于恐惧心理作出意思表示的行为。在民法理论中,胁迫与欺诈一样,都属于意思表示不自由的情形。当事人因受胁迫而作出意思表示,其意思表示并没有产生错误,受胁迫人在作出符合胁迫人要求的意思表示时,清楚地意识到自己意思表示的法律后果,只是这种意思表示的作出并非基于受胁迫人的自由意志。胁迫的构成要件一般应当包括:(1)胁迫人主观上有胁迫的故意,即故意实施胁迫行为使他人陷入恐惧以及基于此恐惧心理作出意思表示。(2)胁迫人客观上实施了胁迫的行为,即以将要实施某种加害行为威胁受胁迫人,以此使受胁迫人产生心理恐惧。这种加害既可以是对受胁迫人自身的人身、财产权益的加害,也可以是对受胁迫人的亲友甚至与之有关的其他人的人身、财产权益的加害,客观上使受胁迫人产生了恐惧心理。(3)胁迫须具有不法性,包括手段或者目的的不法性,反之则不成立胁迫。例如,出租人以向法院起诉为要挟,要求承租人按合同约定及时履行交付租金的义务,此种情形便不属于应受法律调整的胁迫行为。(4)受胁迫人基于胁迫产生的恐惧心理作出意思表示。换言之,意思表示的作出与胁迫存在因果关系。此处因果关系的判断,应以受胁迫人自身而非其他人为标准。由于胁迫侵害了被胁迫人的自由意志,法律对通过胁迫手段实施的民事法律行为加以规制。

需要进一步说明的是,胁迫相较于欺诈而言,对当事人意思自由的侵害更为严重,法律应当赋予受胁迫人程度更为严格的保护。因此,本条规定,无论是一方胁迫还是第三人胁迫,受胁迫人均享有对民事法律行为的撤销权。

第一百五十一条　【显失公平的民事法律行为的效力】一方利用对方处于危困状态、缺乏判断能力等情形，致使民事法律行为成立时显失公平的，受损害方有权请求人民法院或者仲裁机构予以撤销。

条文注解

本条所规定的显失公平，须包括两项要件：一是主观上民事法律行为的一方当事人利用了对方处于危困状态、缺乏判断能力等情形。这意味着，一方当事人主观上意识到对方当事人处于不利情境，且有利用这一不利情境之故意。所谓危困状态，一般指因陷入某种暂时性的急迫困境而对于金钱、物的需求极为迫切等。二是客观上民事法律行为成立时显失公平。此处的显失公平是指双方当事人在民事法律行为中的权利义务明显失衡、显著不相称。至于"失衡""不相称"的具体标准，则需要结合民事法律行为的具体情形，如市场风险、交易行情、通常做法等加以判断。同时，需要说明的是，对于显失公平的判断时点，应以民事法律行为成立时为限。由于民事法律行为从成立到实际履行往往有一个过程，这一过程中的许多因素都可能对双方当事人的权利义务产生影响，如果不限定判断的时点，对于显失公平的判定将会缺少客观标准，也无法将原已存在的"权利义务失衡"结果与民事法律行为成立后当事人以外因素对权利义务产生的影响相区分。

关于显失公平民事法律行为的效力，从尊重权益受损方意思自治的角度，本条将其规定为可撤销的民事法律行为。受损害方可以基于民事法律行为的具体情况，选择是否向法院或者仲裁机构请求撤销这一行为。

第一百五十二条　【撤销权的消灭】有下列情形之一的，撤销权消灭：

（一）当事人自知道或者应当知道撤销事由之日起一年内、重大误解的当事人自知道或者应当知道撤销事由之日起九十日内没有行使撤销权；

（二）当事人受胁迫，自胁迫行为终止之日起一年内没有行使撤销权；

（三）当事人知道撤销事由后明确表示或者以自己的行为表明放弃撤销权。

当事人自民事法律行为发生之日起五年内没有行使撤销权的，撤销权消灭。

条文注解

民事法律行为因不同事由被撤销的，其撤销权应当在一定期间内行使。这一点是由撤销权的性质所决定的。在民法理论上，撤销权属于形成权，行为人可以通过自己的行为直接行使权利，实现权利目的。但是，撤销权的行使将使可撤销的民事法律行为效力终局性地归于无效，这将对相对人的利益产生重大影响，因此，享有撤销权的权利人必须在一定期间内决定是否行使这一权利，从而保护相对人的利益，维护交易安全。这一期间被称为除斥期间，除斥期间经过，撤销权终局性地归于消灭，可撤销的民事法律行为自此成为完全有效的民事法律行为。

由于导致民事法律行为可撤销的事由多样，因此不同情况下除斥期间的起算以及期间的长短也应有所不同。对撤销权的除斥期间作了以下规定：(1)撤销权原则上应在权利人知道或者应当知道撤销事由之日起1年内行使，但自民事法律行为发生之日起5年内没有行使的，撤销权消灭。将期间起算的标准规定为“权利人知道或者应当知道撤销事由之日”有利于撤销权人的利益保护，防止其因不知撤销事由存在而错失撤销权的行使。同时，辅之以“自民事法律行为发生之日起五年”的客观期间，有助于法律关系的稳定，稳定交易秩序，维护交易安全。(2)对于因重大误解享有撤销权的，权利人应在知道或者应当知道撤销事由之日起3个月内行使，否则撤销权消灭。同欺诈、胁迫、显失公平等影响意思表示自由的情形相比，重大误解权利人的撤销事由系自己造就，不应赋予其与其他撤销事由同样的除斥期间。因此，本条将重大误解的撤销权除斥期间单独确定为90日，并仍以权利人知道或者应当知道撤销事由之日起算。(3)对于因胁迫享有撤销权的，应自胁迫行为终止之日起1年内行使，否则撤销权消灭。同欺诈、重大误解等其他撤销事由相比，胁迫具有特殊性。受胁迫人在胁迫行为终止前，即使知道胁迫行为的存在，事实上仍然无法行使撤销权。考虑到这一特殊情况，本条将因胁迫享有撤销权的除斥期间起算规定为“自胁迫行为终止之日起”，期间仍为1年。(4)对于权利人知道撤销事由后明确表示或者以自己的行为表明放弃撤销权的，撤销权消灭，不受1年期间的限制。权利人无论是明确表示还是通过行为表示对撤销权的放弃，均属于对自己权利的处分，依据意思自治的原则，法律予以准许。

第一百五十三条　【违反强制性规定及违背公序良俗的民事法律行为的效力】违反法律、行政法规的强制性规定的民事法律行为无效。但是，该强制性规定不导致该民事法律行为无效的除外。

违背公序良俗的民事法律行为无效。

条文注解

本法第143条属于对民事法律行为有效的一般性要求，而本条则属于可以直接判定行为效力的裁判性规范。

本条第1款规定，违反法律、行政法规的强制性规定的民事法律行为无效，但是，该强制性规定不导致该民事法律行为无效的除外。法律规范分为强制性规范与任意性规范。任意性规范的目的是引导、规范民事主体的行为，并不具备强制性效力，民事法律行为与任意性规范不一致的，并不影响其效力。任意性规范体现的是法律对主体实施民事法律行为的一种指引，当事人可以选择适用，也可以选择不适用。与任意性规范相对的是强制性规范，后者体现的是法律基于对国家利益、社会公共利益等的考量，对私人意思自治领域所施加的一种限制。民事主体在实施民事法律行为时，必须服从这种对行为自由的限制，否则会因对国家利益、社会公共利益等的侵害而被判定无效。但是，民事法律行为违反强制性规定无效有一种例外，即当该强制性规定本身并不导致民事法律行为无效时，民事法律行为并不无效。这里实际上涉及对具体强制性规定的性质判断问题。某些强制性规定尽管要求民事主体不得违反，但其并不导致民事法律行为无效。违反该法律规定的后果应由违法一方承担，对没有违法的当事人不应承受一方违法的后果。例如，一家经营水果的商店出售种子，农户购买了该种子，该商店违法经营种子，必须承担相应违法责任，但出于保护农户的目的，不宜认定该买卖行为无效。

本条第2款规定，违背公序良俗的民事法律行为无效。公序良俗是公共秩序和善良习俗的简称，属于不确定概念。民法学说一般采取类型化研究的方式，将裁判实务中依据公序良俗裁判的典型案件，区别为若干公序良俗违反的行为类型。法院或者仲裁机构在审理案件时，如果发现待决案件事实与其中某一个类型相符，即可判定行为无效。这些类型包括但不限于：(1)危害国家政治、经济、财政、税收、金融、治安等秩序类型；(2)危害家庭关系行为类型；(3)违反性道德行为类型；(4)违反人权和人格尊重行为类型；(5)限制经济自由行为类型；(6)违反公平竞争行为类型；(7)违反消费者保护行为类型；(8)违反劳动者保护行为类型等。同强制性规定一样，公序良俗也体现了国家对民事领域意思自治的一种限制。因此，对公序良俗的违背也构成民事法律行为无效的理由。

关联法规

《最高人民法院关于审理建设工程施工合同纠纷案件适用法律问题的解释（一）》第1条

第一百五十四条 【恶意串通的民事法律行为的效力】行为人与相对人恶意串通，损害他人合法权益的民事法律行为无效。

条文注解

所谓恶意串通，是指行为人与相对人互相勾结，为牟取私利而实施的损害他人合法权益的民事法律行为。恶意串通的民事法律行为在主观上要求双方有互相串通、为满足私利而损害他人合法权益的目的，客观上表现为实施了一定形式的行为来达到这一目的。

需要注意的是，在虚伪表示的民事法律行为中，行为人与相对人所表示出的意思均非真意，而恶意串通的双方当事人所表达的都是内心真意，二者尽管在法律后果上相同，但不可混淆。尽管在某些情况下，双方通谋的虚伪表示也表现为主观上的恶意，且同时损害了他人的合法权益，但二者的侧重点不同，不能相互替代。

关联法规

《拍卖法》第65条，《企业国有资产法》第72条

第一百五十五条 【无效、被撤销的民事法律行为自始无效】无效的或者被撤销的民事法律行为自始没有法律约束力。

条文注解

无效和被撤销的民事法律行为是自始无效的,具有溯及力。这种自始无效意味着,民事法律行为一旦无效或者被撤销后,双方的权利义务状态应当恢复到这一行为实施之前的状态,已经履行的,应当恢复原状。

关于本条,还有两点需要进一步说明。(1)无效的民事法律行为除自始无效外,还应当是当然无效、绝对无效。所谓当然无效,是指只要民事法律行为具备无效条件,其便当然产生无效的法律后果,无须经过特定程序的确认才无效;所谓绝对无效,是指这种民事法律行为的无效是绝对而非相对的,对包括当事人在内的其他任何人而言均是无效的。(2)有的意见提出,被撤销的民事法律行为自始无效的规定过于绝对,身份行为以及具有持续性的民事法律行为被撤销后,其无效的效果应仅向将来发生,不应溯及既往。我国《婚姻法》《收养法》等法律规定已经对无效或被撤销婚姻、无效收养等身份行为的无效溯及既往作了规定,本条应当延续这一规定,对符合无效情形以及被撤销的此类行为,仍坚持无效溯及既往的规定。

第一百五十六条 【民事法律行为部分无效】民事法律行为部分无效,不影响其他部分效力的,其他部分仍然有效。

条文注解

民事法律行为的无效事由既可以导致其全部无效,也可以导致部分无效。在部分无效时,如果不影响其他部分的效力,其他部分仍然有效。这意味着,只有在民事法律行为的内容效力可分且相互不影响的情况下,部分无效才不会导致其他部分同时无效。反之,当部分无效的民事法律行为会影响其他部分效力的,其他部分也应无效。

本条所规定的"民事法律行为部分无效,不影响其他部分效力"的情形，主要包括以下几种：一是民事法律行为的标的数量超过国家法律许可的范围。例如，遗嘱继承中，被继承人将其全部遗产均遗赠他人，并未给胎儿保留必要的遗产份额，违反了继承相关的法律规定。因此，在遗产的应继承份额范围内的那部分遗赠是无效的，但其他部分的遗赠仍然有效。二是民事法律行为的标的可分，其中一项或数项无效。比如，同一买卖合同的标的物有多个，其中一个或数个标的物因属于国家禁止流通物而无效，其他标的物的买卖仍为有效。三是民事法律行为的非根本性条款因违法或违背公序良俗而无效。例如，雇佣合同中有条款约定“工作期间发生的一切人身伤害，雇主概不负责”。这一条款因违反相关劳动法律以及公序良俗原则而无效，但雇佣合同的其他权利义务条款并不因此无效。

本条在民事法律行为无效部分与其他部分效力可分的情况下，规定部分无效在不影响其他部分效力的情况下，其他部分仍然有效。这实际上体现了民法尽可能尊重双方意思自治、承认民事法律行为效力的原则。当然，如果无效部分属于整体民事法律行为成立生效的必要条款，或者无效部分事实上与其他部分不可分割，那么这种部分无效当然会同时导致其他部分的无效，进而影响整体的行为效力。

关联法规

《劳动合同法》第27条

第一百五十七条　【民事法律行为无效、被撤销或确定不发生效力的法律后果】民事法律行为无效、被撤销或者确定不发生效力后，行为人因该行为取得的财产，应当予以返还；不能返还或者没有必要返还的，应当折价补偿。有过错的一方应当赔偿对方由此所受到的损失；各方都有过错的，应当各自承担相应的责任。法律另有规定的，依照其规定。

条文注解

本条规定了民事法律行为无效、被撤销以及确定不发生效力的如下几种法律后果：

1. 返还财产。这是指民事法律行为被确认无效、被撤销或者确定不发生效力后，行为人因民事法律行为所取得的财产应当予以返还，相对人亦享有对已交付财产的返还请求权。这里需要说明的是，返还财产的目的在于使双方的财产关系恢复到民事法律行为实施前的状态，因此无论双方是否存在过错，都负有返还财产的义务。一方存在过错的，相对方可以通过主张损失的赔偿来维护其利益。

2. 折价补偿。民事法律行为无效、被撤销或者确定不发生效力后，返还财产应当作为恢复原状的原则做法。但是，在有些情况下，返还财产并不具备现实条件或者没有必要，此时应当通过折价补偿的方式来达到使财产关系恢复原状的目的。(1)财产不能返还，包括法律上的不能返还和事实上的不能返还。法律上的不能返还主要是指财产返还受到善意取得制度的影响，即一方当事人将通过民事法律行为取得的财产转让给第三人，第三人取得财产时符合善意取得制度的各项要件，此时该第三人因善意取得制度成为财产的所有权人，该财产又是不可替代的。事实上的不能返还主要是指因标的物已经灭失，造成客观上无法返还，且原物又是不可替代物。此时，取得该财产的当事人应当依据原物的市价进行折价补偿。(2)没有必要返还财产的，主要包括以下两种情况：一是如果当事人接受的财产是劳务或者利益，在性质上不能恢复原状，应以国家规定的价格计算，以金钱返还；没有国家规定的，按照市价或者同类劳务的报酬标准计算返还。二是如果一方当事人是通过使用对方的知识产权获得的利益，因知识产权属于无形财产，此时应折价补偿对方当事人。

3. 赔偿损失。根据本条的规定，有过错的一方应当赔偿对方由此所受到的损失；各方都有过错的，应当各自承担相应的责任。需要指出的是，这里规定的损失赔偿是一种过错责任，行为人只有主观上对民事法律行为无效、被撤销以及确定不发生效力的情形存在过错时才予以承担。

第四节　民事法律行为的附条件和附期限

第一百五十八条　【附条件的民事法律行为】民事法律行为可以附条件，但是根据其性质不得附条件的除外。附生效条件的民事法律行为，自条件成就时生效。附解除条件的民事法律行为，自条件成就时失效。

条文注解

民事法律行为成立之后的效力问题，当事人之间可以自行约定，这也是意思自治原则的体现。民事法律行为中所附条件，是指当事人以未来客观上不确定发生的事实，作为民事法律行为效力的附款。所附条件具有以下特点：第一，条件系当事人共同约定，并作为民事法律行为的一部分内容。条件体现的是双方约定一致的意思，这是与法定条件最大的不同之处，后者是指由法律规定的、不由当事人意思决定并具有普遍约束力的条件。当事人不得以法定条件作为其所附条件。第二，条件是未来可能发生的事实。这意味着，已经过去的、现在的以及将来确定不会发生的事实不能作为民事法律行为的所附条件。如果是将来必然发生的事实，应当作为附期限。应当注意，这种条件事实发生的不确定性应当是客观存在的，如果仅仅是当事人认为事实发生与否不确定，但实际上必然发生或者不发生的，也不能作为所附条件。第三，所附条件是当事人用以限定民事法律行为效力的附属意思表示。应当将所附条件与民事法律行为中的供货条件、付款条件等相互区分，后者是民事法律行为自身内容的一部分而非决定效力的附属意思表示。第四,所附条件中的事实应为合法事实,违法事实不能作为民事法律行为的附条件。如不能约定以故意伤害他人作为合同生效的条件。

以所附条件决定民事法律行为效力发生或消灭为标准,条件可以分为生效条件和解除条件。所谓生效条件,是指使民事法律行为效力发生或者不发生的条件。生效条件具备之前,民事法律行为虽已成立但未生效,其效力是否发生处于不确定状态。条件具备,民事法律行为生效;条件不具备,民事法律行为就不生效。比如,甲、乙双方签订房屋买卖合同,约定甲将所居住的房产出卖给乙,其条件是甲出国定居,不在国内居住。当条件具备时,此房屋买卖合同才生效。所谓解除条件,又称消灭条件,是指对已经生效的民事法律行为,当条件具备时,该民事法律行为失效;如果该条件确定不具备,则该民事法律行为将继续有效。

在附条件的民事法律行为中,所附条件的出现与否直接决定了民事法律行为的效力状态。附生效条件的民事法律行为,自条件成就时生效。附解除条件的民事法律行为,自条件成就时失效。需要特别指出的是,附条件的民事法律行为虽然在所附条件出现时才生效或失效,但在条件尚未具备时,民事法律行为对于当事人仍然具有法律约束力,当事人不得随意变更或者撤销。因此,可以将附条件的民事法律行为的效力分为条件成就前的效力和条件成就后的效力。对于附生效条件的民事法律行为来说,条件成就前的效力表现为当事人不得随意变更、撤销民事法律行为以及对于民事法律行为生效的期待权;对于附解除条件的民事法律行为来说,条件成就前的效力表现为条件具备后民事法律行为效力归于消灭的期待权。

关联法规

《保险法》第 13 条,《票据法》第 33 条

第一百五十九条　【条件成就和不成就的拟制】附条件的民事法律行为，当事人为自己的利益不正当地阻止条件成就的，视为条件已经成就；不正当地促成条件成就的，视为条件不成就。

条文注解

在附条件的民事法律行为中，条件的成就与否直接关系到民事法律行为的效力状况。对于附生效条件的民事法律行为来说，条件成就，民事法律行为就开始生效；条件不成就，民事法律行为就确定不发生效力。对附解除条件的民事法律行为来说，条件成就，民事法律行为就失效，反之民事法律行为继续有效。

本条规定，当事人为自己的利益不正当地阻止条件成就的，视为条件已经成就；不正当地促成条件成就的，视为条件不成就。对本条的把握应当注意以下几点：第一，当事人主观上有为自己利益人为改变条件状态的故意。换言之，当事人从自己利益的角度考虑，主观上具有使条件成就或者不成就的故意。第二，当事人为此实施了人为改变条件成就状态的行为。民事法律行为中所附条件，其成就与否本不确定。当事人为自己利益实施了促成或阻止条件成就的行为。第三，该行为具有不正当性。这主要是指当事人的此种行为违反了诚信原则，不符合事先约定。

第一百六十条　【附期限的民事法律行为】民事法律行为可以附期限，但是根据其性质不得附期限的除外。附生效期限的民事法律行为，自期限届至时生效。附终止期限的民事法律行为，自期限届满时失效。

条文注解

根据所附期限决定民事法律行为的生效或失效，期限可以分为生效期限和终止期限。所谓生效期限，是指决定民事法律行为效力发生的期限。期限届至，民事法律行为生效；期限届至前，民事法律行为虽已成立但并未生效。所谓终止期限，是指决定民事法律行为效力消灭的期限。期限届至，民事法律行为失效；期限届至前，民事法律行为始终有效。

关联法规

《保险法》第 13 条

第七章　代　　理

第一节　一般规定

第一百六十一条　【代理适用范围】民事主体可以通过代理人实施民事法律行为。

依照法律规定、当事人约定或者民事法律行为的性质，应当由本人亲自实施的民事法律行为，不得代理。

条文注解

代理，是指代理人代被代理人实施民事法律行为，其法律效果直接归属于被代理人的行为。代理制度是调整被代理人、代理人和第三人之间关系的法律制度。

代理的适用范围原则上限于民事法律行为。但一般认为，一些与合同密切相关的准民事法律行为、事实行为和程序行为，如要约邀请、要约撤回、订约时样品的交付和受领、办理合同公证等，也允许代理。

但不是所有民事法律行为都允许代理。根据本条第2款的规定，下列三类民事法律行为不得代理：一是依照法律规定应当由本人亲自实施的民事法律行为。二是依照当事人约定应当由本人亲自实施的民事法律行为。当事人双方基于某种原因，约定某一民事法律行为必须由本人亲自实施的，当事人自然应当遵守这一约定，不得通过代理人实施该民事法律行为。三是依照民事法律行为的性质，应当由本人亲自实施的民事法律行为。这主要是指具有人身性质的身份行为，如结婚、离婚、收养、遗嘱、遗赠等。

关联法规

《保险法》第117条，《拍卖法》第26、34条

第一百六十二条　【代理的效力】代理人在代理权限内，以被代理人名义实施的民事法律行为，对被代理人发生效力。

第一百六十三条　【代理的类型】代理包括委托代理和法定代理。

委托代理人按照被代理人的委托行使代理权。法定代理人依照法律的规定行使代理权。

第一百六十四条　【代理人不当行为的法律后果】代理人不履行或者不完全履行职责，造成被代理人损害的，应当承担民事责任。

代理人和相对人恶意串通，损害被代理人合法权益的，代理人和相对人应当承担连带责任。

条文注解

本条第2款规定,代理人和相对人应当承担连带责任。根据本款的规定,代理人和相对人承担连带责任的前提是恶意串通。恶意,是指双方都明知或者应知其实施的行为会造成被代理人合法权益的损害还故意为之。串通,是指双方在主观上有共同的意思联络。此处的恶意串通就是双方串通在一起,共同实施某种行为来损害被代理人的合法权益。如果双方当事人或者一方当事人不知且不应知其行为的损害后果,就不构成恶意串通,不能适用本款规定,应当根据各自的行为来承担相应的民事责任。

第二节 委托代理

第一百六十五条 【授权委托书】委托代理授权采用书面形式的,授权委托书应当载明代理人的姓名或者名称、代理事项、权限和期限,并由被代理人签名或者盖章。

条文注解

根据本法第135条的规定,在法律、行政法规没有特别规定或者当事人没有约定的情况下,委托代理授权可以采取书面形式、口头形式或者其他形式中的任何一种。其中,书面形式是最主要的一种授权形式,称为授权委托书。根据本条的规定,授权委托书的内容包括代理人的姓名或者名称、代理事项、代理权限、代理期限等,被代理人还应当在授权委托书上签名或者盖章。本条规定是对授权委托书应当包括的内容作提示性规定,目的是减少实践中产生纠纷。

第一百六十六条 【共同代理】数人为同一代理事项的代理人的,应当共同行使代理权,但是当事人另有约定的除外。

条文注解

共同代理，是指数个代理人共同行使一项代理权的代理。共同代理有如下几个特征：一是有数个代理人。如果只有一个代理人，属于单独代理，而不是共同代理。二是只有一个代理权。如果数个代理人有数个代理权，属于集合代理，而不是共同代理。例如，被代理人授权甲为其购买一台电视机、乙为其购买一台电冰箱，即为集合代理。被代理人授权甲、乙一起为其购买一台电视机和一台电冰箱，才属于共同代理。三是共同行使代理权。共同行使，是指只有经过全体代理人的共同同意才能行使代理权，即数人应当共同实施代理行为，享有共同的权利义务。任何一个代理人单独行使代理权，均属于无权代理。如果数个代理人对同一个代理权可以单独行使，也属于单独代理，而不是共同代理。比如，被代理人授权甲、乙一起为其购买一台电视机和一台电冰箱，但谁买都可以，此种情况属于单独代理，而不是共同代理。

共同代理，应当由被代理人授权，但在被代理人就同一代理权指定了数个代理人，有约定的当然按约定处理，没约定的，法律推定为共同代理，数个代理人应当共同行使代理权，任何一个代理人都不得擅自单独实施代理行为。

关联法规

《信托法》第 31 条

第一百六十七条　【违法代理及其法律后果】代理人知道或者应当知道代理事项违法仍然实施代理行为，或者被代理人知道或者应当知道代理人的代理行为违法未作反对表示的，被代理人和代理人应当承担连带责任。

条文注解

被代理人、代理人利用委托代理关系从事的违法行为可分为两类：一是代理事项本身违法，如委托代理人销售假冒伪劣产品；二是代理事项不违法，但代理人实施的代理行为违法，如委托代理人销售合法产品，代理人将该产品贴上假冒商标进行销售。代理违法造成第三人损害的，自应承担民事责任，但由被代理人承担还是代理人承担应当区分不同情形加以确定。

第一百六十八条 【禁止自我代理和双方代理及例外】代理人不得以被代理人的名义与自己实施民事法律行为，但是被代理人同意或者追认的除外。

代理人不得以被代理人的名义与自己同时代理的其他人实施民事法律行为，但是被代理的双方同意或者追认的除外。

条文注解

自己代理，是指代理人以被代理人的名义与自己实施民事法律行为。实践中，自己代理主要有两种情况：一是代理人以自己的名义向被代理人发出要约且代理人以被代理人的名义予以承诺；二是代理人以被代理人的名义向自己发出要约且以自己的名义予以承诺。

双方代理，是指代理人同时代理被代理人和相对人实施同一民事法律行为。构成双方代理，必须符合两个条件：一是代理人必须既获得被代理人的委托代理授权，又获得相对人的委托代理授权。二是代理人同时代理双方为同一民事法律行为的当事人。

第一百六十九条 【复代理】代理人需要转委托第三人代理的，应当取得被代理人的同意或者追认。

转委托代理经被代理人同意或者追认的，被代理人可以就代理事务直接指示转委托的第三人，代理人仅就第三人的选任以及对第三人的指示承担责任。

转委托代理未经被代理人同意或者追认的，代理人应当对转委托的第三人的行为承担责任；但是，在紧急情况下代理人为了维护被代理人的利益需要转委托第三人代理的除外。

条文注解

复代理，又称再代理、转代理或者次代理，是指代理人为了实施其代理权限内的行为，而以自己的名义为被代理人选任代理人的代理。与复代理相对的是本代理，或者称原代理，是指被代理人直接选任代理人而成立的代理。复代理具有以下几个特征：(1)以本代理的存在为前提。必须有一个本代理，才能在其基础上产生复代理。(2)复代理人是原代理人以自己的名义选任的代理人。原代理人以自己的名义选任复代理人是复代理的重要特征。(3)复代理人行使的代理权是原代理人的代理权，但原代理人的代理权并不因此丧失。复代理人是由原代理人以自己名义选任的，其代理权直接来源于原代理人的代理权，而且权限范围不得大于原代理权的权限范围。同时，原代理人选任复代理人后，其代理权并不因此而消灭，仍然保有其代理人地位，其与被代理人之间的代理法律关系没有发生变化。如果代理人失去其代理权，而向被代理人推介他人接替自己担任代理人的，是向被代理人推介新代理人的行为，而不是选任复代理人的行为。(4)复代理人是被代理人的代理人，而不是代理人的代理人。复代理人以被代理人的名义实施民事法律行为，其法律效果直接归属于被代理人。如果复代理人以代理人的名义实施民事法律行为，就不是复代理，而属于一般代理了。

本条延续了《民法通则》和《合同法》的规定，明确只有在两种情况下才允许复代理：(1)被代理人允许。被代理人的允许，包括事先同意和事后追认。(2)出现紧急情况。

第一百七十条 【职务代理】执行法人或者非法人组织工作任务的人员，就其职权范围内的事项，以法人或者非法人组织的名义实施的民事法律行为，对法人或者非法人组织发生效力。

法人或者非法人组织对执行其工作任务的人员职权范围的限制，不得对抗善意相对人。

条文注解

职务代理，顾名思义，是指根据代理人所担任的职务而产生的代理，即执行法人或者非法人组织工作任务的人员，就其职权范围内的事项，以法人或者非法人组织的名义实施的民事法律行为，无须法人或者非法人组织的特别授权，对法人或者非法人组织发生效力。

第一百七十一条 【无权代理】行为人没有代理权、超越代理权或者代理权终止后，仍然实施代理行为，未经被代理人追认的，对被代理人不发生效力。

相对人可以催告被代理人自收到通知之日起三十日内予以追认。被代理人未作表示的，视为拒绝追认。行为人实施的行为被追认前，善意相对人有撤销的权利。撤销应当以通知的方式作出。

行为人实施的行为未被追认的，善意相对人有权请求行为人履行债务或者就其受到的损害请求行为人赔偿。但是，赔偿的范围不得超过被代理人追认时相对人所能获得的利益。

相对人知道或者应当知道行为人无权代理的，相对人和行为人按照各自的过错承担责任。

条文注解

本条将无权代理分为三种类型：(1)没有代理权的无权代理。其是指行为人根本没有得到被代理人的授权，就以被代理人名义从事的代理。比如，行为人伪造他人的公章、合同书或者授权委托书等，假冒他人的名义实施民事法律行为，就是典型的无权代理。(2)超越代理权的无权代理。其是指行为人与被代理人之间有代理关系存在，行为人有一定的代理权，但其实施的代理行为超出了代理范围的代理。例如，甲委托乙购买300台电视机，但是乙擅自与他人签订了购买500台电视机的合同；或者甲委托乙购买电视机，但是乙购买了电冰箱，这些都是超越代理权的无权代理。(3)代理权终止后的无权代理。其是指行为人与被代理人之间原本有代理关系，由于法定情形的出现使代理权终止，但是行为人仍然从事的代理。法定情形主要指本法第173条规定的情形，包括代理期限届满、代理事务完成或者被代理人取消委托等。

根据本条的规定，对于无权代理行为，被代理人可以追认该行为，使之确定地发生法律效力，也可以拒绝追认使之确定地不发生法律效力；善意相对人可以在被代理人追认前行使撤销权使之确定地不发生效力，如果相对人希望尽早确定其效力，可以催告被代理人予以追认。

无权代理发生后，根据本条的规定，被代理人有追认和拒绝的权利。这里所指的“追认”，是指被代理人对无权代理行为事后予以承认的一种单方意思表示。被代理人的追认应当以明示的意思表示向相对人作出，如果仅向行为人作出意思表示，也必须使相对人知道后才能产生法律效果。追认必须在相对人催告期限尚未届满前以及善意相对人未行使撤销权前行使。一旦被代理人作出追认，无权代理就变成有权代理，行为人实施的民事法律行为就从成立时起对被代理人产生法律效力。

无权代理经被代理人追认即产生效力，拒绝追认便不产生效力，这是为了更好地保护被代理人的合法权益。但同时相对人的合法权益也应当予以妥善保护,基于此,法律赋予了相对人催告权和善意相对人撤销权。所谓催告权,是指相对人催促被代理人在一定期限内明确答复是否承认无权代理行为。根据本条第2款的规定,催告权的行使一般需具备以下要件:一是要求被代理人在一定的期限内作出答复,本条第2款规定的期限为30日;二是催告应当以通知的方式作出;三是催告的意思必须是向被代理人作出。所谓撤销权,是指相对人在被代理人未追认无权代理行为之前,可撤回其对行为人所作的意思表示。相对人撤销权的行使必须满足以下条件:一是必须在被代理人作出追认之前作出,如果被代理人已经对无权代理行为作出了追认,该民事法律行为就对被代理人产生了效力,相对人就不能再撤销其意思表示了。二是相对人在行为人实施民事法律行为时必须是善意的,也就是说,相对人在作出意思表示时,并不知道对方是无权代理的。如果明知对方是无权代理而仍与对方共同实施民事法律行为,那么相对人就无权撤销其意思表示。三是撤销应当以通知的方式作出。

第一百七十二条 【表见代理】行为人没有代理权、超越代理权或者代理权终止后,仍然实施代理行为,相对人有理由相信行为人有代理权的,代理行为有效。

条文注解

所谓表见代理,是指行为人虽无代理权而实施代理行为,如果相对人有理由相信其有代理权,该代理行为有效。根据本条的规定,构成表见代理需要满足以下两个条件:(1)行为人并没有获得被代理人的授权就以被代理人的名义与相对人实施民事法律行为。本条规定了没有代理权、超越代理权或者代理权终止三种情形。(2)相对人在主观上必须是善意、无过失的。所谓善意,是指相对人不知道或者不应当知道行为人实际上是无权代理；所谓无过失，是指相对人的这种不知道不是因为其大意造成的。如果相对人明知或者应知行为人没有代理权、超越代理权或者代理权已终止，而仍与行为人实施民事法律行为，那么就不构成表见代理，而成为无权代理。

第三节　代理终止

第一百七十三条　【委托代理终止的情形】有下列情形之一的，委托代理终止：

（一）代理期限届满或者代理事务完成；

（二）被代理人取消委托或者代理人辞去委托；

（三）代理人丧失民事行为能力；

（四）代理人或者被代理人死亡；

（五）作为代理人或者被代理人的法人、非法人组织终止。

第一百七十四条　【委托代理终止的例外】被代理人死亡后，有下列情形之一的，委托代理人实施的代理行为有效：

（一）代理人不知道且不应当知道被代理人死亡；

（二）被代理人的继承人予以承认；

（三）授权中明确代理权在代理事务完成时终止；

（四）被代理人死亡前已经实施，为了被代理人的继承人的利益继续代理。

作为被代理人的法人、非法人组织终止的，参照适用前款规定。

第一百七十五条　【法定代理终止的情形】有下列情形之一的，法定代理终止：

（一）被代理人取得或者恢复完全民事行为能力；

（二）代理人丧失民事行为能力；

（三）代理人或者被代理人死亡；

（四）法律规定的其他情形。

第八章 民事责任

第一百七十六条 【民事义务与责任】民事主体依照法律规定或者按照当事人约定，履行民事义务，承担民事责任。

条文注解

民事责任的基本特征包括两个方面：

1. 民事责任是民事主体违反民事义务所应承担的责任，是以民事义务为基础的。法律规定或者当事人约定民事主体应当做什么和不应当做什么，即要求应当为一定的行为或者不为一定的行为，这就是民事主体的义务。法律也同时规定了违反民事义务的后果，即应当承担的责任，这就是民事责任。民事责任不同于民事义务，民事责任是违反民事义务的后果，而不是民事义务本身。本条规定民事主体依照法律规定或者当事人约定履行民事义务，根据这一规定，民事义务分为两类：(1)法律直接规定的义务。(2)在法律允许的范围内民事主体自行约定的义务。民事主体无论违反哪一类义务都要依法承担民事责任。

2. 民事责任具有强制性。强制性是法律责任的重要特征。法律责任中的民事责任的强制性表现在对不履行民事义务的行为予以制裁，要求民事主体承担民事责任。

第一百七十七条 【按份责任】二人以上依法承担按份责任，能够确定责任大小的，各自承担相应的责任；难以确定责任大小的，平均承担责任。

条文注解

按份责任，是指责任人为多人时，各责任人按照一定的份额向权利人承担民事责任，各责任人之间无连带关系。也就是说，责任人各自承担不同份额的责任，不具有连带性，权利人只能请求属于按份责任人的责任份额。按份责任产生的前提，是二个以上的民事主体不依照法律规定或者当事人约定履行民事义务产生的民事责任。

第一百七十八条 【连带责任】二人以上依法承担连带责任的，权利人有权请求部分或者全部连带责任人承担责任。

连带责任人的责任份额根据各自责任大小确定；难以确定责任大小的，平均承担责任。实际承担责任超过自己责任份额的连带责任人，有权向其他连带责任人追偿。

连带责任，由法律规定或者当事人约定。

条文注解

连带责任，是指依照法律规定或者当事人的约定，两个或者两个以上当事人对共同产生的不履行民事义务的民事责任承担全部责任，并因此引起内部债务关系的一种民事责任。连带责任是一项重要的责任承担方式。连带责任可能基于合同产生，也可能基于侵权行为产生。

连带责任的特征主要表现在：(1)连带责任对于违反民事义务的主体而言是一种比较严厉的责任方式。连带责任对外是一个整体的责任。连带责任中的每个主体都需要对被损害者承担全部责任。被请求承担全部责任的连带责任主体，不得因自己的过错程度而只承担自己的责任。(2)连带责任对被损害者的保护更为充分。连带责任给了被损害者更多的选择权，被损害者可以请求一个或者数个连带责任人承担全部或者部分的赔偿责任。(3)连带责任是法定责任，连带责任人之间不能约定改变责任的性质，对于内部责任份额的约定对外不发生效力。

在一个或者数个连带责任人清偿了全部责任后，实际承担责任的人有权向其他连带责任人追偿。行使追偿权的前提是连带责任人实际承担了超出自己责任的份额，没有超出自己责任的份额，不得行使追偿权。

第一百七十九条 【承担民事责任的方式】承担民事责任的方式主要有：

(一)停止侵害；

(二)排除妨碍；

(三)消除危险；

(四)返还财产；

(五)恢复原状；

(六)修理、重作、更换；

(七)继续履行；

(八)赔偿损失；

(九)支付违约金；

(十)消除影响、恢复名誉；

(十一)赔礼道歉。

法律规定惩罚性赔偿的，依照其规定。

本条规定的承担民事责任的方式，可以单独适用，也可以合并适用。

条文注解

根据本条的规定,承担民事责任的方式主要有:

(1)停止侵害,即要求行为人不实施某种侵害。

(2)排除妨碍。这是指行为人实施的行为使他人无法行使或者不能正常行使人身、财产权益,受害人可以要求行为人排除妨碍权益实施的障碍。受害人也可以自己排除妨碍,但排除妨碍的费用由行为人承担。

(3)消除危险。这是指行为人的行为对他人人身、财产权益造成现实威胁,他人有权要求行为人采取有效措施消除这种现实威胁。

(4)返还财产。没有法律或者合同根据占有他人财产,就构成无权占有,侵害了他人的财产权益,行为人应当返还该财产。

(5)恢复原状。这是指行为人通过修理等手段使受到损坏的财产恢复到损坏发生前的状况的一种责任方式。采取恢复原状责任方式要符合受到损坏的财产仍然存在且有恢复原状的可能性且恢复原状有必要。

(6)修理、重作、更换。修理包括对产品、工作成果等标的物质量瑕疵的修补,也包括对服务质量瑕疵的改善。修理、重作、更换不是恢复原状,如果将损坏的财产修理复原,则是承担恢复原状的责任。

(7)继续履行。就是按照合同的约定继续履行义务。

(8)赔偿损失。这是指行为人向受害人支付一定额数的金钱以弥补其损失的责任方式,是运用较为广泛的一种责任方式。

(9)支付违约金。违约金是当事人在合同中约定的或者由法律直接规定的一方违反合同时应向对方支付一定数额的金钱,这是违反合同可以采用的承担民事责任的方式,只适用于合同当事人有违约金约定或者法律规定违反合同应支付违约金的情形。

(10)消除影响、恢复名誉。这是指人民法院根据受害人的请求,责令行为人在一定范围内采取适当方式消除对受害人名誉的不利影响，以使其名誉得到恢复的一种责任方式。

(11)赔礼道歉。这是指行为人通过口头、书面或者其他方式向受害人进行道歉，以取得谅解的一种责任方式。赔礼道歉主要适用于侵害名誉权、荣誉权、隐私权、姓名权、肖像权等人格权益的情形。

本条第2款规定，法律规定惩罚性赔偿的，依照其规定。惩罚性赔偿是指当侵权人(义务人)以恶意、故意、欺诈等的方式实施加害行为而致权利人受到损害的，权利人可以获得实际损害赔偿之外的增加赔偿。其目的是通过对义务人施以惩罚，阻止其重复实施恶意行为，并警示他人不要采取类似行为。

关联法规

《消费者权益保护法》第50、52、53条，《商标法》第63条，《电子商务法》第42条，《食品安全法》第148条

第一百八十条　【不可抗力】因不可抗力不能履行民事义务的，不承担民事责任。法律另有规定的，依照其规定。

不可抗力是不能预见、不能避免且不能克服的客观情况。

条文注解

对“不可抗力”的理解，应是根据现有的技术水平，一般对某事件发生没有预知能力。人们对某事件的发生的预知能力取决于当代的科学技术水平。“不能避免且不能克服”，应是指当事人已经尽到最大努力和采取一切可以采取的措施，仍不能避免某种事件的发生并不能克服事件所造成的后果。“不能避免且不能克服”表明某个事件的发生和事件所造成的后果具有必然性。

通常情况下，因不可抗力不能履行民事义务的，不承担民事责任。

但法律规定因不可抗力不能履行民事义务，也要承担民事责任的则需要依法承担民事责任。具体什么情况下应承担民事责任、承担责任的程度等要依照法律的规定确定。例如，根据《民用航空法》第160条的规定，民用航空器造成他人损害的，民用航空器的经营人只有能够证明损害是武装冲突、骚乱造成的，或者是因受害人故意造成的，才能免除其责任。因不可抗力的自然灾害造成的，不能免除民用航空器经营人的责任。

关联法规

《电力法》第60条，《旅游法》第67条，《民用航空器法》第160条，《铁路法》第18条，《水污染防治法》第96条

第一百八十一条　【正当防卫】因正当防卫造成损害的，不承担民事责任。

正当防卫超过必要的限度，造成不应有的损害的，正当防卫人应当承担适当的民事责任。

条文注解

正当防卫，是指本人、他人的人身权利、财产权利遭受不法侵害时，行为人所采取的一种防卫措施。正当防卫作为行为人不承担责任和减轻责任的情形，其根据是行为的正当性、合法性，表明行为人主观上没有过错。正当防卫是法律赋予当事人自卫的权利，是属于受法律鼓励的行为，目的是保护当事人本人、他人不受侵犯。

正当防卫应当同时具备以下六个要件：(1)必须是为了使本人、他人的人身、财产权利免受不法侵害而实施的。可参考《刑法》第20条第1款的规定。(2)必须有不法侵害行为发生。所谓“不法侵害行

为”,是指对某种权利或者利益的侵害为法律所明文禁止,既包括犯罪行为,也包括其他违法的侵害行为。(3)必须是正在进行的不法侵害,而不是尚未开始,或者已经实施完毕,或者实施者确已自动停止。否则,就是防卫不适时,应当承担民事责任。(4)必须是本人、他人的人身权利、财产权利遭受不法侵害,在来不及请求有关国家机关救助的情况下实施的防卫行为。(5)必须是针对不法侵害者本人实行,即正当防卫行为不能对没有实施不法侵害行为的第三者(包括不法侵害者的家属)造成损害。(6)不能明显超过必要限度造成损害,应以足以制止不法侵害为限。

只有同时满足以上六个要件,才能构成正当防卫,防卫人才能免予承担民事责任。

正当防卫超过必要限度,造成侵害人不应有的损害的,正当防卫人应当承担适当的民事责任。所谓“适当的民事责任”,是指不对侵害人的全部损失赔偿,而是根据正当防卫人过错的程度,由正当防卫人在损失范围内承担一部分责任。

关联法规

《刑法》第20条,《最高人民法院、最高人民检察院、公安部关于依法适用正当防卫制度的指导意见》

第一百八十二条 【紧急避险】因紧急避险造成损害的,由引起险情发生的人承担民事责任。

危险由自然原因引起的,紧急避险人不承担民事责任,可以给予适当补偿。

紧急避险采取措施不当或者超过必要的限度,造成不应有的损害的,紧急避险人应当承担适当的民事责任。

条文注解

紧急避险，是指为了使本人或者他人的人身、财产权利免受正在发生的危险，不得已采取的紧急避险行为，造成损害的，不承担责任或者减轻责任的情形。危险有时来自人的行为，有时来自自然原因。不管危险来自哪里，紧急避险人避让风险、排除危险的行为都有其正当性、合法性。

紧急避险应当同时具备以下四个要件：(1)必须是为了使本人、他人的人身、财产权利免受危险的损害。我国《刑法》第21条明确规定了紧急避险的内容。(2)必须是对正在发生的危险采取的紧急避险行为。倘若危险已经消除或者尚未发生，或者虽然已经发生但不会对合法权益造成损害，则不得采取紧急避险措施。某人基于对危险状况的误解、臆想而采取紧急避险措施，造成他人利益损害的，应向他人承担民事责任。(3)必须是在不得已情况下采取避险措施。所谓不得已，是指当事人面对突然而遇的危险，不得不采取紧急避险措施，以保全更大的利益，且这个利益是法律所保护的。(4)避险行为不能超过必要的限度，避险人须采取适当的措施，以尽可能小的损害保全更大的利益，即紧急避险行为所引起的损害应轻于危险所可能带来的损害。

只有同时满足以上四个要件，才能构成紧急避险。行为人(避险人)免予承担民事责任。

按照本条规定，紧急避险人造成本人或者他人损害的，由引起险情发生的人承担责任。如果危险是由自然原因引起的，紧急避险人是为了他人的利益而采取了避险行为，造成第三人利益损害的，紧急避险人免予对第三人承担责任，但如果紧急避险人是为了本人的利益而采取了避险行为，造成第三人利益损害的，紧急避险人本人作为受益人，应当对第三人的损害给予补偿。

因紧急避险采取措施不当或者超过必要的限度，造成不应有的损害的，紧急避险人应当承担适当的责任。“紧急避险采取措施不当”，是指在当时的情况下能够采取可能减少或者避免损害的措施而未采取,或者采取的措施并非排除险情所必需。紧急避险"超过必要的限度",是指采取紧急避险措施没有减轻损害,或者紧急避险所造成的损害大于所保全的利益。

关联法规

《刑法》第21条

第一百八十三条 【因保护他人民事权益受损时的责任承担与补偿办法】因保护他人民事权益使自己受到损害的,由侵权人承担民事责任,受益人可以给予适当补偿。没有侵权人、侵权人逃逸或者无力承担民事责任,受害人请求补偿的,受益人应当给予适当补偿。

条文注解

受益人应当给予适当补偿的情形。

一是侵权人逃逸或者无力承担民事责任的情形。这里需要注意以下几点:第一,侵权人逃逸确实找不到,或者侵权人确实没有承担民事责任的能力。这是受害人请求补偿的前提条件。如果侵权人没有逃逸,能够找到或者有承担民事责任的能力,受害人则不能向受益人提出补偿要求。第二,要有明确的受益人。如果没有明确的受益人,那么受害人就没有提出请求的对象。第三,受害人明确提出了受益人给予适当补偿的请求。补偿不是赔偿,赔偿一般是填平原则,即损失多少赔偿多少,而补偿仅是其中的一部分。本条规定是"给予适当补偿",表明是要根据受害人的受损情况和受益人的受益情况等因素确定补偿的数额。

二是没有侵权人的情形。因保护他人民事权益使自己受到损害的，有时并无侵权人，如舍身相救落水人员使自己受伤等。在这种情况下，受害人请求受益人给予适当补偿是合乎情理的，受益人给予适当补偿也是理所当然的。因此，本条规定体现了社会公平。

第一百八十四条　【紧急救助人不承担民事责任】因自愿实施紧急救助行为造成受助人损害的，救助人不承担民事责任。

条文注解

本条规定包括以下几个方面：(1)救助人自愿实施紧急救助行为。自愿实施紧急救助行为，是指一般所称的见义勇为或者乐于助人的行为，不包括专业救助行为。(2)救助人以救助为目的实施紧急救助行为。本条所称的救助行为应是在紧急情况下，救助人实施的救助他人的行为。(3)受助人的损害与救助人的行为有因果关系，即在紧急救助过程中，因为救助人的救助行为造成受助人的损害。(4)救助人对因救助行为造成受助人的损害不承担民事责任。

第一百八十五条　【侵害英烈等的姓名、肖像、名誉、荣誉的民事责任】侵害英雄烈士等的姓名、肖像、名誉、荣誉，损害社会公共利益的，应当承担民事责任。

条文注解

本条保护的对象“英雄烈士等”包括为了人民利益英勇斗争而牺牲，堪为楷模的人，还包括在保卫国家和国家建设中作出巨大贡献、建立卓越功勋，已经故去的人。

关联法规

《烈士褒扬条例》第8、23、26、29、34条,《英雄烈士保护法》第22条,《军人抚恤优待条例》第8条;《最高人民法院关于适用〈中华人民共和国民法典〉时间效力的若干规定》第6条

第一百八十六条 【责任竞合】因当事人一方的违约行为,损害对方人身权益、财产权益的,受损害方有权选择请求其承担违约责任或者侵权责任。

条文注解

如果一方当事人的违约行为侵害了对方的人身、财产权益,则同时构成侵权行为,即违约方的同一行为违反了两种法律义务。这时违约方既负有违约责任,也负有侵权责任,这就是违约责任与侵权责任的竞合。违约责任与侵权责任的竞合,是指义务人的违约行为既符合违约要件,又符合侵权要件,导致违约责任与侵权责任一并产生。从另一方面来说,受损害方既可以就违约责任行使请求权,也可以就侵权责任行使请求权。这就产生了两种请求权竞合的情况。在两种请求权同时存在的情况下,如果允许受损害方同时行使双重请求权,则使违约方承受双重责任,这对违约方来说显失公平;从受损害方说,受损害方获得双重补偿,又构成受损害方不当得利,也不合理。因此,根据公平原则,本条规定,受损害方可以在两种请求权中选择行使一种请求权。这意味着受损害方只能行使一种请求权,如果受损害方选择行使一种请求权并得到实现,那么另一种请求权即告消灭。但是,如果受损害方行使一种请求权未果,而另一种请求权并未因时效而消灭,则受损害方仍可行使另一种请求权。由于合同纠纷与侵权纠纷在管辖法院和适用法律方面存在区别,允许受损害方选择有利于自己的

一种诉由提起诉讼，对受损害方比较方便，也有利于对受损害方的保护。对违约方来说，这两种责任无论对方要求其承担哪一种，都是合理的。

第一百八十七条　【民事责任优先承担】民事主体因同一行为应当承担民事责任、行政责任和刑事责任的，承担行政责任或者刑事责任不影响承担民事责任；民事主体的财产不足以支付的，优先用于承担民事责任。

关联法规

《刑法》第36条，《公司法》第214条，《食品安全法》第147条，《消费者权益保护法》第58条，《产品质量法》第64条，《证券法》第220条，《证券投资基金法》第150条

第九章　诉讼时效

第一百八十八条　【普通诉讼时效、最长权利保护期间】向人民法院请求保护民事权利的诉讼时效期间为三年。法律另有规定的，依照其规定。

诉讼时效期间自权利人知道或者应当知道权利受到损害以及义务人之日起计算。法律另有规定的，依照其规定。但是，自权利受到损害之日起超过二十年的，人民法院不予保护，有特殊情况的，人民法院可以根据权利人的申请决定延长。

条文注解

诉讼时效是权利人在法定期间内不行使权利，该期间届满后，发

生义务人可以拒绝履行其给付义务效果的法律制度。该制度有利于促使权利人及时行使权利,维护交易秩序和安全。

第1款规定的"法律另有规定的,依照其规定",是允许特别法对诉讼时效作出不同于普通诉讼时效期间的规定。市场经济要求加快经济流转,通信手段和交易方式的创新使行使权利更加便利。在商事领域可能存在需要短于普通诉讼时效期间的情形。法律另有规定时,根据特别规定优于一般规定的原则,优先适用特别规定。

第2款规定的"知道或者应当知道权利受到损害"和"知道或者应当知道义务人"两个条件应当同时具备。

关联法规

《民事诉讼法》第54条,《保险法》第26条,《拍卖法》第61条,《环境保护法》第66条

第一百八十九条 【分期履行债务的诉讼时效】当事人约定同一债务分期履行的,诉讼时效期间自最后一期履行期限届满之日起计算。

第一百九十条 【对法定代理人请求权的诉讼时效】无民事行为能力人或者限制民事行为能力人对其法定代理人的请求权的诉讼时效期间,自该法定代理终止之日起计算。

第一百九十一条 【受性侵未成年人赔偿请求权的诉讼时效】未成年人遭受性侵害的损害赔偿请求权的诉讼时效期间,自受害人年满十八周岁之日起计算。

条文注解

理解本条规定需要注意两点：

1. 未成年人遭受性侵害的，在年满18周岁之前，其法定代理人当然可以代为行使请求权。此处的请求权应当认为是法定代理人代为向人民法院的请求，人民法院依法作出的生效判决具有既判力，受害人在年满18周岁之后对相关处理不满意要求再次处理的，应当符合《民事诉讼法》等法律的规定。如果年满18周岁之前，其法定代理人选择与侵害人"私了"的方式解决纠纷，受害人在年满18周岁之后，可以依据本条的规定请求损害赔偿。

2. 未成年人遭受性侵害的损害赔偿请求权的诉讼时效期间，自受害人年满18周岁之日起计算。其具体的诉讼时效期间，适用本法第188条3年的普通诉讼时效期间的规定，即从年满18周岁之日起计算3年；符合本法第194条、第195条诉讼时效中止、中断情形的，可以相应中止、中断。

关联法规

《未成年人保护法》第41条

第一百九十二条 【诉讼时效期间届满的法律效果】诉讼时效期间届满的，义务人可以提出不履行义务的抗辩。

诉讼时效期间届满后，义务人同意履行的，不得以诉讼时效期间届满为由抗辩；义务人已经自愿履行的，不得请求返还。

条文注解

本条第1款规定，诉讼时效期间届满的，义务人可以提出不履行义务的抗辩。这就意味着，权利人享有起诉权，可以向法院主张其已过诉讼时效之权利,法院应当受理。如果义务人不提出时效完成的抗辩,法院将以公权力维护权利人的利益;如果义务人行使抗辩权,法院审查后会依法保护义务人的抗辩权,不得强制义务人履行义务。但是,义务人行使时效抗辩权不得违反诚实信用原则,否则即使诉讼时效完成,义务人也不能取得时效抗辩权。例如,在诉讼时效期间届满前,义务人通过与权利人协商,营造其将履行义务的假象,及至时效完成后,立即援引时效抗辩拒绝履行义务。该种行为违反诚实信用,构成时效抗辩权的滥用,不受保护。

本条第2款规定,诉讼时效期间届满后,义务人同意履行的,不得以诉讼时效期间届满为由抗辩;义务人已自愿履行的,不得请求返还。诉讼时效期间届满后,权利人虽不能请求法律的强制性保护,但法律并不否定其权利的存在。若义务人放弃时效利益自愿履行的,权利人可以受领并保持,受领不属于不当得利,义务人不得请求返还。诉讼时效期间届满后,义务人同意履行的,不得以诉讼时效期间届满为由抗辩。这是因为诉讼时效届满后,义务人可以处分自己的时效利益。此时义务人同意履行义务,属于对时效利益的放弃。义务人放弃时效利益的行为属于单方法律行为,并且是处分行为,自义务人放弃时效利益的意思表示到达权利人时即发生时效利益放弃的法律效果,不以权利人同意为条件。放弃的意思表示既可以是承认的明示方式,也可以是不主张时效利益的默示方式。对于义务人已自愿履行的情况,自愿履行意味着义务人自愿解除了债务的自然债务属性,恢复了原本可以获得司法强制执行的可能性,使权利人因时效完成而转化为自然权利回升为法律权利。因此,自愿履行的,不能再请求返还。

还应当注意的是,法律制度需要一系列的具体规定相配合。除本条规定外,也包括本法第193条规定的人民法院不得主动适用诉讼时效、第197条第2款规定的当事人对诉讼时效利益的预先放弃无效等具体规定。

第一百九十三条　【诉讼时效援引】人民法院不得主动适用诉讼时效的规定。

关联法规

《最高人民法院关于审理民事案件适用诉讼时效制度若干问题的规定》第3条

第一百九十四条　【诉讼时效中止的情形】在诉讼时效期间的最后六个月内，因下列障碍，不能行使请求权的，诉讼时效中止：

（一）不可抗力；

（二）无民事行为能力人或者限制民事行为能力人没有法定代理人，或者法定代理人死亡、丧失民事行为能力、丧失代理权；

（三）继承开始后未确定继承人或者遗产管理人；

（四）权利人被义务人或者其他人控制；

（五）其他导致权利人不能行使请求权的障碍。

自中止时效的原因消除之日起满六个月，诉讼时效期间届满。

条文注解

诉讼时效中止，是因法定事由的存在使诉讼时效停止进行，待法定事由消除后继续进行的制度。在诉讼时效进行中的某一时间内，出现了权利人主张权利的客观障碍，导致权利人无法在诉讼时效期间内行使权利，可能产生不公平的结果，因此法律规定了诉讼时效中止制度。

第一百九十五条　【诉讼时效中断的情形】有下列情形之一的，诉讼时效中断，从中断、有关程序终结时起，诉讼时效期间重新计算：

（一）权利人向义务人提出履行请求；

（二）义务人同意履行义务；
（三）权利人提起诉讼或者申请仲裁；
（四）与提起诉讼或者申请仲裁具有同等效力的其他情形。

条文注解

诉讼时效期间中断，指诉讼时效期间进行过程中，出现了权利人积极行使权利等法定事由，从而使已经经过的诉讼时效期间归于消灭，重新计算期间的制度。诉讼时效中断的特征表现为：一是发生于诉讼时效的进行中，诉讼时效尚未开始计算或者已经届满的情况下排除其适用。二是发生了一定的法定事由导致诉讼时效存在的基础被推翻。三是它使已经进行的诉讼时效重新起算，以前经过的期间归于消灭。境外立法例均规定有诉讼时效中断制度。

在重新计算诉讼时效期间的起算点上，应根据不同情况区别处理。以本条第 1 项规定的“权利人向义务人提出履行请求”、第 2 项规定的“义务人同意履行义务”等方式中断诉讼时效的，一旦履行请求到达义务人，或者义务人同意履行的意思表示到达权利人，即可发生时效中断的效果。因此，在这两款规定的情况下，诉讼时效期间从中断时起重新计算。以本条第 3 项规定的“权利人提起诉讼或者申请仲裁”、第 4 项规定的“与提起诉讼或者申请仲裁具有同等效力的其他情形”等方式中断诉讼时效的，权利人处于依据法律程序主张权利的状态。如果规定诉讼时效期间从起诉之日或者提起仲裁之日起重新计算，可能会因法律程序烦琐、耗费时日过长，出现法律程序尚未终结而诉讼时效期间已经届满的情况，这在我国的司法实践中并不算少见。这一情况有违诉讼时效中断制度的目的，为了避免制度上的缺陷，对这两项规定的情形，法律规定从有关程序终结时起，诉讼时效期间重新计算。

关联法规

《最高人民法院关于审理民事案件适用诉讼时效制度若干问题的规定》第10、13～16条

第一百九十六条 【不适用诉讼时效的情形】下列请求权不适用诉讼时效的规定：

（一）请求停止侵害、排除妨碍、消除危险；

（二）不动产物权和登记的动产物权的权利人请求返还财产；

（三）请求支付抚养费、赡养费或者扶养费；

（四）依法不适用诉讼时效的其他请求权。

第一百九十七条 【诉讼时效法定、时效利益预先放弃无效】诉讼时效的期间、计算方法以及中止、中断的事由由法律规定，当事人约定无效。

当事人对诉讼时效利益的预先放弃无效。

第一百九十八条 【仲裁时效】法律对仲裁时效有规定的，依照其规定；没有规定的，适用诉讼时效的规定。

关联法规

《劳动争议调解仲裁法》第27条

第一百九十九条 【除斥期间】法律规定或者当事人约定的撤销权、解除权等权利的存续期间，除法律另有规定外，自权利人知道或者应当知道权利产生之日起计算，不适用有关诉讼时效中止、中断和延长的规定。存续期间届满，撤销权、解除权等权利消灭。

条文注解

除斥期间是民法中的一项重要制度,其目的在于促使法律关系早日确定,防止相对人因为消极等待而蒙受损害。除斥期间是权利预设期间,以促使法律关系尽早确定为目标,为达制度目的,需要规定除斥期间经过后,权利人的权利即归于消灭,要么使原本不确定的法律关系明确固定,要么使既有的法律关系归于消灭,都会引起实体法上效果的变化。所以除斥期间没有中断的可能性,一般也不会发生中止。

第十章 期 间 计 算

第二百条 【期间计算单位】民法所称的期间按照公历年、月、日、小时计算。

第二百零一条 【期间起算】按照年、月、日计算期间的,开始的当日不计入,自下一日开始计算。

按照小时计算期间的,自法律规定或者当事人约定的时间开始计算。

关联法规

《民事诉讼法》第 82 条

第二百零二条 【期间结束】按照年、月计算期间的,到期月的对应日为期间的最后一日;没有对应日的,月末日为期间的最后一日。

第二百零三条　【期间结束日顺延和末日结束点】期间的最后一日是法定休假日的，以法定休假日结束的次日为期间的最后一日。

期间的最后一日的截止时间为二十四时；有业务时间的，停止业务活动的时间为截止时间。

关联法规

《劳动法》第44、45条，《民事诉讼法》第82条

第二百零四条　【期间的法定或约定】期间的计算方法依照本法的规定，但是法律另有规定或者当事人另有约定的除外。

实用问题

第一章　基本规定

1. 哪些法律关系属于《民法典》调整的范围？

《民法典》第2条规定，民法调整平等主体的自然人、法人和非法人组织之间的人身关系和财产关系。因此，《民法典》调整的法律关系包括自然人之间、法人之间、非法人组织之间、自然人和法人之间、自然人和非法人组织之间、法人和非法人组织之间的人身关系和财产关系。

自然人、法人、非法人组织之间的社会关系多种多样，并非所有社会关系都由民法调整。民法仅调整他们之间的民事关系，即作为平等主体的自然人、法人、非法人组织之间发生的社会关系。例如，行政机关在从事行政管理活动时，会与自然人或法人形成行政法律关系，这种行政法律关系中双方的地位是不平等的，不属于民法调整。行政机关从事民事活动，如因购买商品而与公司签订买卖合同，民法要求其必须以机关法人的身份进行，此时机关法人与其他民事主体之间的法律地位是平等的，这种买卖合同关系则由民法调整。

2. 什么是公序良俗？

《民法典》第8条规定，民事主体从事民事活动，不得违反法律，不得违背公序良俗。公序良俗就是公共秩序和善良习俗。公共秩序，是指政治、经济、文化等领域的基本秩序和根本理念，是与国家和社会整体利益相关的基础性原则、价值和秩序，在以往的民商事立法中被称为社会公共利益，在英美法系中也被称为公共政策。善良习俗，是指基于社会主流道德观念的习俗，也被称为社会公共道德，是全体社会成员所普遍认可、遵循的道德准则。善良习俗具有一定的时代性和地域性，随着社会成员的普遍道德观念的改变而改变。公共秩序强调的是国家和社会层面的价值理念，善良习俗突出的则是民间的道德观念，二者相辅相成，互为补充。

3. 法律没有规定的应该依据什么处理纠纷？

人民法院、仲裁机构等在处理民事纠纷时，首先应当依照法律。这里的法律是指广义的法律，包括全国人大及其常委会制定的法律和国务院制定的行政法规，也不排除地方性法规、自治条例和单行条例等。根据我国《立法法》第 8 条第 8 项的规定，民事基本制度只能由全国人民代表大会及其常委会制定的法律规定。行政法规可以根据法律的规定或经法律的授权，针对特定领域的民事关系作出具体的细化规定。此外，有的法律授权地方性法规对某种特定的民事关系作出具体规定。

根据《民法典》第 10 条的规定，法律没有规定的，可以适用不违背公序良俗的习惯。习惯，是指在一定地域、行业范围内长期为一般人确信并普遍遵守的民间习惯或者商业惯例。适用习惯受到两个方面的限制：一是适用习惯的前提是法律没有规定。所谓法律没有规定，就是相关的法律、行政法规、地方性法规对特定民事纠纷未作出规定。二是所适用的习惯不得违背公序良俗。因此，并非所有的习惯都可以作为处理民事纠纷的依据，只有不违背公序良俗的习惯才可以适用，当然适用习惯也不得违背法律的基本原则。

第二章　自　然　人

一、民事权利能力和民事行为能力

4. 自然人的民事权利能力从何时开始？

自然人的民事权利能力，是指自然人作为民事主体享有民事权利、承担民事义务的法律资格。民事权利能力是自然人取得民事权利的前提。根据《民法典》第 13 条的规定,自然人的民事权利能力始于出生,终于死亡。自然人一旦出生即具有民事权利能力,死亡是自然人丧失民事权利能力的唯一法定事由。出生是自然人脱离母体并生存的法律事实。一般认为,出生须具备两项要件:一是胎儿与母体分离,与母体分离之前为胎儿,分离之后即成为法律上的人。二是与母体分离之际保有生命。胎儿与母体分离之际无生命的是死体。分离之际保有生命的,就是"出生",而无论其出生后生命延续的时间长短。《民法典》第 15 条规定,自然人的出生时间和死亡时间以出生证明、死亡证明记载的时间为准;没有出生证明、死亡证明的,以户籍登记或者其他有效身份登记记载的时间为准。有其他证据足以推翻以上记载时间的,以该证据证明的时间为准。

5. 死亡证明通常由哪些组织出具?

死亡证明,是指有关单位出具的证明自然人死亡的文书。主要包括以下几类:自然人死于医疗单位的,由医疗单位出具死亡医学证明书。自然人正常死亡但无法取得医院出具的死亡证明的,由社区、村(居)委会或基层卫生医疗机构出具证明;自然人非正常死亡或卫生部门不能确定是否属于正常死亡的,由公安司法部门出具死亡证明;死亡自然人已火化的,殡葬部门出具火化证明。死亡证明是记载死亡时间的原始凭证,具有证明死亡时间的准确性和规范性。

6. 胎儿是否具有继承遗产的资格?

虽然胎儿还没有出生,还不具有民事权利能力,但是为保护胎儿利益,《民法典》第 16 条规定:"涉及遗产继承、接受赠与等胎儿利益保护的,胎儿视为具有民事权利能力。但是胎儿娩出时为死体的,其民事权利能力自始不存在。"并且,《民法典》第 1155 条为了保护未出生胎儿的利益，特别规定了对胎儿的应留份额保护制度：遗产分割时，应当保留胎儿的继承份额。胎儿出生时是死体的，保留的份额按照法定继承办理。因此，胎儿也具有继承遗产的资格。

7. 所有人都有民事行为能力吗？

民事行为能力，是指民事主体独立参与民事活动，以自己的行为取得民事权利或者承担民事义务的法律资格。民事行为能力与民事权利能力不同，民事权利能力是民事主体从事民事活动的前提，民事行为能力是民事主体从事民事活动的条件。所有的自然人都有民事权利能力，但不一定都有民事行为能力。自然人一经出生即当然享有民事权利能力，但要独立从事民事活动，实施民事法律行为，还必须要具有相应的民事行为能力。自然人的辨识能力因年龄、智力、精神健康等因素不同而有差异。《民法典》根据自然人辨识能力的不同，将自然人的民事行为能力分为完全民事行为能力、限制民事行为能力和无民事行为能力。

依据《民法典》第 18 条第 1 款的规定，成年人，即年满 18 周岁的自然人，具有完全民事行为能力，为完全民事行为能力人，可以独立实施民事法律行为，并独立对民事法律行为的法律后果负责。但是，本条规定的成年人指辨认识别能力正常的成年人，对于辨认识别能力不足的成年人则根据具体情况的不同归为限制民事行为能力人或者无民事行为能力人，不属于本条规定的范围。

《民法典》第 18 条第 2 款规定，16 周岁以上的未成年人，如果以自己的劳动收入为主要生活来源的，表明其已经具备成年人的辨识能力，可以独立实施民事法律行为，独立承担民事法律行为的后果，因此可以视为完全民事行为能力人。

因此，年龄在 18 周岁以上且能辨识自己行为，或者已满 16 周岁但不满 18 周岁且已经以自己的劳动收入作为生活主要来源的，是完全的民事行为能力人,可以独立从事民事活动,享有民事权利并承担相应的民事责任。

8. 限制民事行为能力人从事的哪些行为有效?

《民法典》第 19 条规定:“八周岁以上的未成年人为限制民事行为能力人,实施民事法律行为由其法定代理人代理或者经其法定代理人同意、追认;但是,可以独立实施纯获利益的民事法律行为或者与其年龄、智力相适应的民事法律行为。”第 22 条规定:“不能完全辨认自己行为的成年人为限制民事行为能力人,实施民事法律行为由其法定代理人代理或者经其法定代理人同意、追认;但是,可以独立实施纯获利益的民事法律行为或者与其智力、精神健康状况相适应的民事法律行为。”根据上述条款,限制民事行为能力人主要包括:(1)8 周岁以上未满 18 周岁的未成年人;(2)不能完全辨认自己行为的成年人。这两类人还没有完全成熟,身体、心智尚未健全,法律基于保护他们的态度,在行为范围上给他们以限制,主要让其代理人代理其从事有关行为。这两类人从事的以下行为,具有法律效力:(1)纯粹为自己带来利益的行为;(2)在相应的民事行为能力范围内的行为有效,如一名 16 周岁的中学生花 50 元钱买一本词典的行为。如果超出以上两类行为的,该行为的法律效力为待定,需要其代理人来审视判断是否需要追认该行为有效。

9. 精神病人从事的行为都无效吗?

精神病人分为两类:(1)完全不能辨认自己行为的精神病人;(2)不能完全辨认自己行为的精神病人。前者属于无民事行为能力人,从事的纯获利益的行为、简单的民事行为,是有效的;后者属于限制民事行为能力人,从事的纯获利益的行为、在相应的能力范围内的行为,是有效的。另外,间歇性精神病人在正常期间从事的行为是有效的。

10. 无民事行为能力的成年人如何离婚？

根据《婚姻登记条例》第12条的规定，无民事行为能力人或者限制民事行为能力人办理离婚登记的，婚姻登记机关不予受理。故无民事行为能力人不能通过到婚姻登记机关登记离婚的方式离婚，只能通过诉讼的方式进行离婚。《民法典》第21条规定，不能辨认自己行为的成年人为无民事行为能力人，由其法定代理人代理实施民事法律行为。因此无民事行为能力的成年人要进行诉讼离婚，该诉讼法律行为应该由其法定代理人实施。根据上述规定，若无民事行为能力人的监护人为其配偶时，应先通过特别程序要求变更监护人，再由变更后的监护人作为无民事行为能力人的法定代理人向法院提起离婚诉讼。

11. 认定或者恢复某种民事行为能力状态相关法定程序是如何规定的？

《民法典》第24条规定："不能辨认或者不能完全辨认自己行为的成年人，其利害关系人或者有关组织，可以向人民法院申请认定该成年人为无民事行为能力人或者限制民事行为能力人。被人民法院认定为无民事行为能力人或者限制民事行为能力人的，经本人、利害关系人或者有关组织申请，人民法院可以根据其智力、精神健康恢复的状况，认定该成年人恢复为限制民事行为能力人或者完全民事行为能力人。本条规定的有关组织包括：居民委员会、村民委员会、学校、医疗机构、妇女联合会、残疾人联合会、依法设立的老年人组织、民政部门等。"

依据本条规定，该认定需要向法院提出申请，并需要由法院作出判决，主要原因是无民事行为能力或者限制民事行为能力的认定对成年人的权益影响重大。将成年人认定为无民事行为能力人或者限制民事行为能力人，既是对辨认识别能力不足的成年人的保护，也是对这些成年人自由实施民事法律行为的限制，因此必须通过法定程序进行。此外，这些成年人辨认识别能力缺失的程度也有所不同，一般人难以认定，宜由法院综合各方面情况作出判断。

需要注意的是，利害关系人的情况比较复杂，其具体范围无法通过立法明确规定，应当具体情况具体分析。一般而言，对于第 1 款规定的"利害关系人"的范围，主要包括本人的近亲属、债权债务人等。对于第 2 款规定的"利害关系人"的范围，主要包括本人的监护人、债权债务人等。但具体案件中，这些主体是否都有资格向法院提出申请，也要在个案中根据实际情况作出判断。认定利害关系人是不是适格的申请主体，需要看本人的民事行为能力状况对其是否有重要意义或者影响。例如，本人的债务人如果不是为了确定民事法律行为的效力，也不得向法院申请认定其为无民事行为能力人、限制民事行为能力人。

12. 如何确定自然人的住所?

住所是指民事主体进行民事活动的中心场所或者主要场所。自然人的住所一般指自然人长期居住、较为固定的居所。自然人的住所对婚姻登记、宣告失踪、宣告死亡、债务履行地、司法管辖、诉讼送达等具有重要的法律意义。居所是指自然人实际居住的一定处所，其与住所的区别是，一名自然人可以同时有两个或者多个居所，但只能有一个住所。《民法典》第 25 条规定："自然人以户籍登记或者其他有效身份登记记载的居所为住所；经常居所与住所不一致的，经常居所视为住所。"首先是由自然人户籍或其他有效身份登记记载的居所为住所，其他有效身份登记包括我国公民居住证、港澳同胞回乡证、台湾地区居民的有效旅行证件、外国人居留证等。如果经常居所与住所不一致的，经常居所视为住所。所谓经常居住地，是指公民离开住所地最后连续居住 1 年以上的地方，但住院治疗的除外。公民由其户籍所在地迁出后至迁入另一地址前，无经常居住地的，仍以其原户籍所在地为住所。

二、监护

13. 谁可以担任未成年人的监护人？

《民法典》第 27 条规定："父母是未成年子女的监护人。未成年人的父母已经死亡或者没有监护能力的，由下列有监护能力的人按顺序担任监护人：（一）祖父母、外祖父母；（二）兄、姐；（三）其他愿意担任监护人的个人或者组织，但是须经未成年人住所地的居民委员会、村民委员会或者民政部门同意。"第 29 条规定："被监护人的父母担任监护人的，可以通过遗嘱指定监护人。"第 32 条规定："没有依法具有监护资格的人的，监护人由民政部门担任，也可以由具备履行监护职责条件的被监护人住所地的居民委员会、村民委员会担任。"根据上述法律规定，未成年人的父母是其法定监护人，在父母死亡的情况下，其作为监护人可以通过遗嘱指定信赖的人成为未成年人的监护人。未成年人的父母死亡或没有监护能力的，有监护能力的祖父母、外祖父母，兄、姐，其他经同意、愿意担任监护人的个人或组织可以担任未成年人的监护人。若没有上述有监护资格的人，则可以由未成年人住所地的居民委员会、村民委员会担任，或由民政部门担任监护人。

14. 谁可以担任无民事行为能力、限制民事行为能力的成年人的监护人？

《民法典》第 28 条规定："无民事行为能力或者限制民事行为能力的成年人，由下列有监护能力的人按顺序担任监护人：（一）配偶；（二）父母、子女；（三）其他近亲属；（四）其他愿意担任监护人的个人或者组织，但是须经被监护人住所地的居民委员会、村民委员会或者民政部门同意。"第 29 条规定："被监护人的父母担任监护人的，可以通过遗嘱指定监护人。"第 32 条规定："没有依法具有监护资格的人的，监护人由民政部门担任，也可以由具备履行监护职责条件的被监护人住所地的居民委员会、村民委员会担任。”根据上述法律规定，无、限制民事行为能力的成年人的监护人可以由其有监护能力的配偶，父母、子女，其他近亲属；其他经同意、愿意担任监护人的个人或组织担任。其中，在父母死亡的情况下，其作为监护人可以通过遗嘱指定信赖的人成为监护人。若没有上述有监护资格的人，则可以由未成年人住所地的居民委员会、村民委员会担任，或由民政部门担任监护人。

15. 对协议确定监护人法律是怎么规定的？

根据《民法典》第 30 条的规定，依法具有监护资格的人之间可以协议确定监护人。协议确定监护人应当尊重被监护人的真实意愿。协议监护是确定监护人的方式之一，关于协议确定监护人，需要注意以下问题：

1. 协议主体必须是依法具有监护资格的人，即《民法典》第 27 条、第 28 条规定的具有监护资格的人。对于未成年人，协议监护只限于父母死亡或者没有监护能力的情况，协议的主体为：(1) 祖父母、外祖父母；(2) 兄、姐；(3) 经未成年人住所地的居民委员会、村民委员会或者民政部门同意的其他愿意担任监护人的个人或者有关组织。对于父母丧失监护能力的，父母可以不作为协议监护的主体，但对协议确定监护人也可以提出自己的意见，具有监护资格的人在协议确定未成年人的监护时，从有利于保护被监护人的利益出发，应当尽量予以尊重。对于无民事行为能力或者限制民事行为能力的成年人，协议的主体为：(1) 配偶；(2) 父母、子女；(3) 其他近亲属；(4) 经该成年人住所地的居民委员会、村民委员会或者民政部门同意的其他愿意担任监护人的个人或者有关组织。

2. 未成年人的父母有监护能力的，不得与其他人签订协议，确定由其他人担任监护人，推卸自身责任。

3. 协议确定的监护人必须从具有监护资格的人之间产生，不得在法律规定的具有监护资格的人之外确定监护人。在具有监护资格的人之外确定监护人的，协议监护无效。

4. 由协议确定的监护人，履行监护职责。监护人一旦确定，即不得擅自变更，否则要承担相应的法律责任。

协议确定监护人对被监护人的利益影响重大，应当充分尊重被监护人的真实意愿。被监护人都是无民事行为能力人或者限制民事行为能力人，"尊重被监护人的真实意愿"不是简单地征求被监护人的意见，要结合多种情况进行综合考量判断，探求其内心真实的愿望。限制民事行为能力的未成年人和成年人已经具备了一定的认知判断能力以及较强的表达能力，协议确定监护人应当直接听取其意见，并对其意见是否反映其真实意愿，结合其他一些因素，例如是否受到胁迫等进行判断。无民事行为能力的被监护人，不具有独立的认知判断能力，但这不意味着这些被监护人没有真实意愿。对于无民事行为能力的被监护人，也应当结合各种情况，例如被监护人与哪一个具有监护资格的人生活联系最为密切等因素，去发现并充分尊重被监护人的真实意愿，这对于保护被监护人的身心健康，具有重要意义。

16. 父母都可以通过遗嘱指定未成年子女的监护人吗？

《民法典》第29条规定，被监护人的父母担任监护人的，可以通过遗嘱指定监护人。依据本条规定，被监护人（包括未成年人、无民事行为能力或者限制民事行为能力的成年人）的父母可以通过立遗嘱的形式为被监护人指定监护人，但前提是被监护人的父母正在担任着监护人，如果父母因丧失监护能力没有担任监护人，或者因侵害被监护人合法权益被撤销监护人资格等不再担任监护人的，父母已不宜再通过立遗嘱的形式为被监护人指定监护人。

关于遗嘱指定监护与法定监护的关系，一般来说，遗嘱指定监护具有优先地位。遗嘱指定监护是父母通过立遗嘱选择值得信任并对保护被监护人权益最为有利的人担任监护人，应当优先于《民法典》第27条、第28条规定的法定监护。但是，遗嘱指定的监护人应当具有监护能力，能够履行监护职责。如果遗嘱指定后，客观情况发生变化，遗嘱指定的监护人因患病等原因丧失监护能力，或者因出国等各种原因不能够履行监护职责，就不能执行遗嘱指定监护，应当依法另行确定监护人。

17. 当事人各方争当或者相互推托监护人的，应如何处理？

根据《民法典》第31条的规定，对监护人的确定有争议的，由被监护人住所地的居民委员会、村民委员会或者民政部门指定监护人，有关当事人对指定不服的，可以向人民法院申请指定监护人；有关当事人也可以直接向人民法院申请指定监护人。居民委员会、村民委员会、民政部门或者人民法院应当尊重被监护人的真实意愿，按照最有利于被监护人的原则在依法具有监护资格的人中指定监护人。指定监护人前，被监护人的人身权利、财产权利以及其他合法权益处于无人保护状态的，由被监护人住所地的居民委员会、村民委员会、法律规定的有关组织或者民政部门担任临时监护人。监护人被指定后，不得擅自变更；擅自变更的，不免除被指定的监护人的责任。

18. 什么情形下人民法院可以撤销监护人资格？

根据《民法典》第36条第1款的规定，监护人有下列情形之一的，人民法院根据有关个人或者组织的申请，撤销其监护人资格：(1)实施严重损害被监护人身心健康的行为；(2)怠于履行监护职责，或者无法履行监护职责且拒绝将监护职责部分或者全部委托给他人，导致被监护人处于危困状态；(3)实施严重侵害被监护人合法权益的其他行为。此外，根据《最高人民法院、最高人民检察院、公安部关于依法处理监护人侵害未成年人权益行为若干问题的意见》第35条的规定，被申请人有下列情形之一的，人民法院可以判决撤销其监护人资格：(1)性侵害、出卖、遗弃、虐待、暴力伤害未成年人，严重损害未成年人身心健康的；(2)将未成年人置于无人监管和照看的状态，导致未成年人面临死亡或者严重伤害危险，经教育不改的；(3)拒不履行监护职责长达6个月以上，导致未成年人流离失所或者生活无着的；(4)有吸毒、赌博、长期酗酒等恶习无法正确履行监护职责或者因服刑等原因无法履行监护职责，且拒绝将监护职责部分或者全部委托给他人，致使未成年人处于困境或者危险状态的；(5)胁迫、诱骗、利用未成年人乞讨，经公安机关和未成年人救助保护机构等部门三次以上批评教育拒不改正，严重影响未成年人正常生活和学习的；(6)教唆、利用未成年人实施违法犯罪行为，情节恶劣的；(7)有其他严重侵害未成年人合法权益行为的。因此，存在上述情形的，人民法院可以判决撤销监护人资格。

19.哪些单位和人员可以向人民法院申请撤销监护人资格？

根据《民法典》第36条第2款的规定，下列单位、人员可以向法院申请撤销监护人资格：其他依法具有监护资格的人，居民委员会、村民委员会、学校、医疗机构、妇女联合会、残疾人联合会、未成年人保护组织、依法设立的老年人组织、民政部门等。根据《最高人民法院、最高人民检察院、公安部、民政部关于依法处理监护人侵害未成年人权益行为若干问题的意见》有关规定：下列单位和人员有权向人民法院申请撤销监护人资格：(1)未成年人的其他监护人，祖父母、外祖父母、兄、姐，关系密切的其他亲属、朋友；(2)未成年人住所地的村(居)民委员会，未成年人父、母所在单位；(3)民政部门及其设立的未成年人救助保护机构；(4)共青团、妇联、关工委、学校等团体和单位。申请撤销监护人资格，一般由前款中负责临时照料未成年人的单位和人员提出，也可以由前款中其他单位和人员提出。

20. 法定扶养义务人被撤销监护资格后是否还需要继续履行义务?

《民法典》第 37 条规定:“依法负担被监护人抚养费、赡养费、扶养费的父母、子女、配偶等,被人民法院撤销监护人资格后,应当继续履行负担的义务。”因此,在具有法定扶养义务的人担任监护人的情况下,监护人资格被撤销,不再担任监护人后,具有法定扶养义务的人,例如配偶、父母、子女等,仍需继续负担抚养费、赡养费、扶养费。

21. 监护人有哪些职责和权利?

根据《民法典》第 34 条第 1 款的规定,监护人的职责是代理被监护人实施民事法律行为,保护被监护人的人身权利、财产权利以及其他合法权益等。主要包括:保护被监护人的身心健康,促进未成年人的健康成长,对成年被监护人也要积极促进其健康状况的恢复;照顾被监护人的生活;管理和保护被监护人的财产;对被监护人进行教育和必要的管理;在被监护人合法权益受到侵害或者与人发生争议时,代理其进行诉讼等。监护人在履行监护职责的过程中,也会因此享有一定的权利。例如,监护人为保护被监护人的人身权益,享有医疗方案的同意权;监护人为了保护被监护人财产权益,享有财产的管理和支配权;被监护人合法权益受到侵害或者与人发生争议时,代理被监护人参加诉讼的权利等。监护人享有这些权利,是为履行监护职责所需要,目的还是保护被监护人的人身、财产权利及其他合法权益。监护人行使这些权利时,其他人不得侵害或者剥夺。

22. 监护人不履行监护职责,是否要承担民事责任?

《民法典》第 34 条第 3 款规定:“监护人不履行监护职责或者侵害被监护人合法权益的,应当承担法律责任。”这里的法律责任主要包括两个方面：一是对被监护人的侵权行为承担责任。《民法典》第 1188 条规定，无民事行为能力人、限制民事行为能力人造成他人损害的，由监护人承担侵权责任。监护人尽到监护职责的，可以减轻其侵权责任。有财产的无民事行为能力人、限制民事行为能力人造成他人损害的，从本人财产中支付赔偿费用。不足部分，由监护人赔偿。二是监护人不履行监护职责或者侵害被监护人合法权益，造成被监护人人身、财产损害的，应当承担民事责任。《民法典》第 179 条对承担民事责任的主要方式作出规定，包括停止侵害、赔偿损失等。此外，《民法典》第 36 条规定，监护人怠于履行监护职责，导致被监护人处于危困状态的，经申请可被撤销监护资格。

23. 如何对无民事行为能力人或限制民事行为能力人进行认定与恢复？

将成年人认定为无民事行为能力人或者限制民事行为能力人，既是对辨认识别能力不足的成年人的保护，也是对这些成年人自由实施民事法律行为的限制，因此必须通过法定程序进行。此外，这些成年人辨认识别能力缺失的程度也有所不同，一般人难以认定，宜由法院综合各方面情况作出判断。根据《民法典》第 24 条的规定，不能辨认或者不能完全辨认自己行为的成年人，其利害关系人或者有关组织，可以向人民法院申请认定该成年人为无民事行为能力人或者限制民事行为能力人。被人民法院认定为无民事行为能力人或者限制民事行为能力人的，经本人、利害关系人或者有关组织申请，人民法院可以根据其智力、精神健康恢复的状况，认定该成年人恢复为限制民事行为能力人或者完全民事行为能力人。其中可以提出申请的有关组织包括：居民委员会、村民委员会、学校、医疗机构、妇女联合会、残疾人联合会、依法设立的老年人组织、民政部门等。根据《民事诉讼法》第 187 条的规定，申请认定公民无民事行为能力或者限制民事行为能力，由其近亲属或者其他利害关系人向该公民住所地基层人民法院提出。申请书应当写明该公民无民事行为能力或者限制民事行为能力的事实和根据。

三、宣告失踪和宣告死亡

24. 什么情形下可以申请宣告失踪？

一位公民长期失去音信，围绕其产生的很多法律关系处于悬而未决的状态，不利于社会生活的安定。因此，民法特别创设了宣告失踪制度，通过宣告失踪人失踪，从而将其财产等法律关系交由相关当事人进行处理，及时了结法律关系，保护其财产，维护法律关系的安定。《民法典》第 40 条规定："自然人下落不明满二年的，利害关系人可以向人民法院申请宣告该自然人为失踪人。"因此，自然人下落不明满 2 年，利害关系人可以向失踪人住所地或者最后居住地的基层人民法院申请宣告他为失踪人。若在战争期间下落不明的，下落不明的时间从战争结束之日或有关机关确定的下落不明之日起计算。

25. 宣告失踪有什么法律后果？

宣告失踪主要引起被宣告失踪人的财产被代管的法律后果。根据《民法典》第 42 条的规定，失踪人的财产由其配偶、成年子女、父母或者其他愿意担任财产代管人的人代管。代管有争议，没有前款规定的人，或者前款规定的人无代管能力的，由人民法院指定的人代管。第 43 条第 2 款规定："失踪人所欠税款、债务和应付的其他费用，由财产代管人从失踪人的财产中支付。"

26. 如何确定被宣告失踪人的代管人？

《民法典》第 42 条规定："失踪人的财产由其配偶、成年子女、父母或者其他愿意担任财产代管人的人代管。代管有争议，没有前款规定的人，或者前款规定的人无代管能力的，由人民法院指定的人代管。”因此，根据上述法律规定，代管人的范围包括：配偶、父母、成年子女或者其他愿意担任财产代管人的人。一般是由这些人协商出任代管人，但是法律考虑到可能有争议或者没有上述代管人或者代管人无能力进行代管，由法院根据有利于保护失踪人财产的原则指定失踪人的财产代管人。没有代管人，或者他们无能力作为代管人，或者不宜作为代管人的，法院可以指定其他公民或者有关组织为失踪人的财产代管人。如果是无民事行为能力人、限制民事行为能力人失踪的，其监护人即为财产代管人。

27. 财产代管人有哪些职责？

《民法典》第 43 条规定：“财产代管人应当妥善管理失踪人的财产，维护其财产权益。失踪人所欠税款、债务和应付的其他费用，由财产代管人从失踪人的财产中支付。财产代管人因故意或者重大过失造成失踪人财产损失的，应当承担赔偿责任。”

财产代管人负有像对待自己事务一样的注意义务，来管理失踪人的财产，既包括对失踪人财产的保管，也包括作为代理人收取失踪人的到期债权。与其他有偿的法律关系不同，财产代管人管理失踪人的财产并非合同约定，而是直接来自法律的规定，代管财产的目的也不是从中获利，该种管理财产的行为通常是无偿的。因此，《民法典》第 43 条对此规定得也较为原则，财产代管人管理失踪人的财产，只要尽到善良管理人的义务，即能够像管理自己的事务一样管理失踪人的财产，就满足了法律规定的要求。

《民法典》第 43 条第 2 款是对财产代管人履行失踪人应当履行的义务的规定。财产代管人的职责不仅是维护失踪人的财产权益，还包括代失踪人履行义务，即依照本条规定，从失踪人的财产中支付失踪人所欠税款、债务和应付的其他费用。这里的“其他费用”包括赡养费、扶养费、抚育费和因代管财产所需的管理费等必要的费用。

《民法典》第 43 条第 3 款是对财产代管人造成失踪人财产损失，应当承担赔偿责任的规定。代管人应当根据有利于保护失踪人财产的原则管好失踪人的财产，不得滥用代管权对失踪人的财产挥霍浪费、挪用谋利或者将失踪人的财产据为己有，侵犯失踪人的财产权益。

28. 财产代管人不能妥善管理财产怎么办？

《民法典》第 44 条第 1 款规定：“财产代管人不履行代管职责、侵害失踪人财产权益或者丧失代管能力的，失踪人的利害关系人可以向人民法院申请变更财产代管人。”根据本条，如果出现财产代管人不履行代管职责、侵害失踪人财产权益或者丧失代管能力等事由，表明该财产代管人已经不再适格，则失踪人的利害关系人就可以向人民法院申请变更财产代管人。财产代管人不履行职责，既可以表现为不行使失踪人权利，比如不收取失踪人债权，也可以表现为不履行失踪人应当履行的义务，比如清偿债务、缴纳税款等。侵害失踪人财产权益，可以表现为不当处分失踪人的财产，滥用代管权对失踪人的财产挥霍浪费，与他人恶意串通侵夺失踪人的财产等。财产代管人丧失了代管能力，可以表现为财产代管人丧失了行为能力。出现上述情形，明显对失踪人不利，甚至会严重侵害失踪人的财产利益。因此，这些情况下失踪人的利害关系人可以向人民法院申请变更财产代管人。这里的利害关系人既包括失踪人的近亲属，也包括其他利害关系人，如失踪人的债权人。

财产代管人确定后，一般情况下不得变更，如果有《民法典》第 44 条第 1 款情形的，失踪人的利害关系人可以向人民法院申请变更财产代管人。但实践中还会出现一种情况，就是财产代管人有正当理由，比如由于工作、学习等原因离开财产所在地，无法再继续履行财产代管职责，此时，应当允许其向人民法院申请变更财产代管人，《民法典》第44条第2款对此作了明确规定。

29. 如何撤销宣告失踪？

《民法典》第45条规定："失踪人重新出现，经本人或者利害关系人申请，人民法院应当撤销失踪宣告。"这里利害关系人的范围应当与申请宣告失踪的利害关系人范围一致，包括被申请宣告失踪人的配偶、父母、子女、兄弟姐妹、祖父母、外祖父母、孙子女、外孙子女以及其他与失踪人有民事权利义务关系的人。申请也应当向下落不明人住所地基层人民法院提出。

30. 什么情形下可以申请宣告死亡？

自然人长期下落不明会使与其相关的财产关系和人身关系处于不稳定状态，通过宣告死亡制度，可以及时了结下落不明人与他人的财产关系和人身关系，从而维护正常的经济秩序和社会秩序。宣告自然人死亡，是对自然人死亡在法律上的推定，这种推定将产生与生理死亡基本一样的法律效果。根据《民法典》第46条的规定，自然人有下列情形之一的，利害关系人可以向人民法院申请宣告该自然人死亡：(1)下落不明满4年；(2)因意外事件，下落不明满2年。其中因意外事件下落不明，经有关机关证明该自然人不可能生存的，申请宣告死亡不受2年时间的限制。

31. 公民被宣告死亡的，有什么法律后果？

宣告死亡与自然死亡具有相同的法律后果。一般来讲，公民被宣告死亡后，主要有以下几个法律后果：(1)被宣告死亡人丧失民事主体资格；(2)婚姻关系自然解除；(3)个人合法财产变成遗产开始发生继承；(4)夫妻另一方可以自己决定送养子女给他人。

32. 被宣告死亡人还存活，其所为法律行为是否有效？

宣告死亡是人民法院经利害关系人的申请，按照法定程序推定下落不明的公民死亡的法律制度，因此，自然人被宣告死亡从本质上讲是一种拟制的死亡，有可能本人并没有自然死亡或者说真正死亡。这个被宣告死亡但并未真正死亡的自然人，可能在被宣告死亡期间还在从事民事活动，包括吃穿住行等各种活动。如果因为他已经被宣告死亡了，就不承认他所从事的民事法律行为的效力，无疑是不合情理的，也不利于维护交易安全和社会经济秩序。因此，《民法典》第 49 条规定："自然人被宣告死亡但是并未死亡的，不影响该自然人在被宣告死亡期间实施的民事法律行为的效力。"

33. 死亡宣告被撤销后有何法律效力？

被宣告死亡的人重新出现或者确知他没有死亡，经本人或者利害关系人申请，法院应当撤销对他的死亡宣告。被撤销后的法律效力主要体现在三个方面：(1)财产方面。《民法典》第 53 条规定："被撤销死亡宣告的人有权请求依照本法第六编取得其财产的民事主体返还财产。无法返还的，应当给予适当补偿。利害关系人隐瞒真实情况，致使他人被宣告死亡取得其财产的，除应当返还财产外，还应当对由此造成的损失承担赔偿责任。"(2)婚姻关系方面。《民法典》第 51 条规定："被宣告死亡的人的婚姻关系自死亡宣告之日解除。死亡宣告被撤销的，婚姻关系自撤销死亡宣告之日起自行恢复，但是，其配偶再婚或者向婚姻登记机关书面声明不愿意恢复的除外。"(3)收养关系方面。《民法典》第 52 条规定："被宣告死亡的人在被宣告死亡期间，其子女被他人依法收养的，在死亡宣告被撤销后，不得以未经本人同意为由主张收养关系无效。"

四、个体工商户、农村承包经营户

34. 个体工商户应如何承担责任？

个体工商户，是指在法律允许的范围内，依法经核准登记，从事工商业经营的公民。根据《民法典》第 56 条第 1 款的规定，个体工商户既可以个人经营，也可以家庭经营。个体工商户的债务，个人经营的，以个人财产承担；家庭经营的，以家庭财产承担。对于实践中无法区分是个人经营还是家庭经营，应根据是个人投资还是家庭投资，是个人享用经营收益还是家庭共同享用经营收益，进而确定债务是以个人财产承担，还是以家庭财产承担，司法实践中一般有以下认定标准：一是以公民个人名义申请登记的个体工商户，用家庭共有财产投资，或者收益的主要部分供家庭成员享用的，其债务应以家庭共有财产清偿。二是夫妻关系存续期间，一方从事个体经营，其收入为夫妻共有财产，债务亦应以夫妻共有财产清偿。此外，个体工商户的债务，如以其家庭共有财产承担责任，应当保留家庭成员的生活必需品和必要的生产工具。

35. 个体工商户可以起名称吗？

根据《民法典》第 54 条和《个体工商户条例》第 2 条的规定，个体工商户可以使用名称，也可以不使用名称。个体工商户决定使用名称的，应当向登记机关提出申请，经核准登记后方可使用。一户个体工商户只能使用一个名称。经营者姓名可以作为个体工商户名称中的字号使用。个体工商户名称中的行业应当反映其主要经营活动内容或者经营特点。个体工商户名称组织形式可以选用“厂”“店”“馆”“部”“行”“中心”等字样，但不得使用“企业”“公司”“农民专业合作社”字样。

36. 农村承包经营户应如何承担民事责任?

农村承包经营户,是指在法律允许的范围内,按照承包合同规定从事商品经营的农村集体经济组织的成员。《民法典》第 56 条第 2 款规定:"农村承包经营户的债务,以从事农村土地承包经营的农户财产承担;事实上由农户部分成员经营的,以该部分成员的财产承担。"

第三章　法　　人

一、一般规定

37. 法人的民事权利能力和民事行为能力从何时开始?何时结束?

法人的民事权利能力是法律赋予的,是法人作为一个独立的民事主体应当具备的基本资格。法人民事权利能力的获取意味着法人作为一个独立民事主体的成立,丧失这一权利能力则意味着法人的消灭。因而,法人的权利能力从成立时产生,至法人终止时消灭。法人的民事行为能力是法人独立地实施民事行为,行使民事权利、承担民事义务的资格。法人的民事行为能力在时间上和民事权利能力相一致,始于法人成立,终于法人消灭,在法人存续期间始终存在。因此,《民法典》第 59 条规定:"法人的民事权利能力和民事行为能力,从法人成立时产生,到法人终止时消灭。"

38. 法人成立应当具备哪些条件?

根据《民法典》第 58 条的规定,法人应当依法成立,有自己的名称、组织机构、住所、财产或者经费。法人成立的具体条件和程序,依照法律、行政法规的规定。如果设立法人,法律、行政法规规定须经有关机关批准的，则依照其规定。

关于法人成立需要满足法律、行政法规规定的其他条件和程序。如《公司法》规定，设立有限责任公司，应当具备下列条件：一是股东符合法定人数；二是有符合公司章程规定的全体股东认缴的出资额；三是股东共同制定公司章程；四是有公司名称，建立符合有限责任公司要求的组织机构；五是有公司住所。股东认足公司章程规定的出资后，由全体股东指定的代表或者共同委托的代理人向公司登记机关报送公司登记申请书、公司章程等文件，申请设立登记。设立公司，应当依法向公司登记机关申请设立登记。符合本法规定的设立条件的，由公司登记机关分别登记为有限责任公司或者股份有限公司；不符合本法规定的设立条件的，不得登记为有限责任公司或者股份有限公司，等等。例如，根据《社会团体登记管理条例》第10~12条的规定，成立社会团体，应当具备下列条件：(1)有50个以上的个人会员或者30个以上的单位会员；个人会员、单位会员混合组成的，会员总数不得少于50个；(2)有规范的名称和相应的组织机构；(3)有固定的住所；(4)有与其业务活动相适应的专职工作人员；(5)有合法的资产和经费来源，全国性的社会团体有10万元以上的活动资金，地方性的社会团体和跨行政区域的社会团体有3万元以上的活动资金；(6)有独立承担民事责任的能力。在设立程序上，应当先经过筹备设立，再正式设立。申请登记社会团体，发起人应当向登记管理机关提交下列文件：(1)登记申请书；(2)业务主管单位的批准文件；(3)验资报告、场所使用权证明；(4)发起人和拟任负责人的基本情况、身份证明；(5)章程草案。登记管理机关应当自收到上述全部有效文件之日起60日内，作出准予或者不予登记的决定；准予登记的，发给社会团体法人登记证书，不予登记的，应当向发起人说明理由。

此外，设立法人，如果相关法律、行政法规规定须经有关机关批准的，应当依照其规定。这里规定的"批准"是指行政许可。根据《行政许可法》的规定,行政许可,是指行政机关根据公民、法人或者其他组织的申请,经依法审查,准予其从事特定活动的行为。直接涉及国家安全、公共安全、经济宏观调控、生态环境保护以及直接关系人身健康、生命财产安全等特定活动,需要按照法定条件予以批准的事项,有限自然资源开发利用、公共资源配置以及直接关系公共利益的特定行业的市场准入等,需要赋予特定权利的事项,提供公众服务并且直接关系公共利益的职业、行业,需要确定具备特殊信誉、特殊条件或者特殊技能等资格、资质的事项,直接关系公共安全、人身健康、生命财产安全的重要设备、设施、产品、物品,需要按照技术标准、技术规范,通过检验、检测、检疫等方式进行审定的事项,企业或者其他组织的设立等,需要确定主体资格的事项,以及法律、行政法规规定可以设定行政许可的其他事项可以设立行政许可。据此,有些法律,如《食品安全法》《药品安全法》规定设立食品、药品生产经营企业应当经过食品、药品主管部门的批准;又如,《民办教育促进法》规定,设立民办学校,应当经教育主管部门批准;再如,《医疗机构管理条例》中规定,设立医疗机构应当经卫生行政部门审查批准,等等。

39. 法人的法定代表人与法人是何种关系?

《民法典》第61条规定:“依照法律或者法人章程的规定,代表法人从事民事活动的负责人,为法人的法定代表人。法定代表人以法人名义从事的民事活动,其法律后果由法人承受。法人章程或者法人权力机构对法定代表人代表权的限制,不得对抗善意相对人。”在我国,法人的法定代表人只能为一人。法定代表人与法人之间是代表法律关系,代表权是由法律和章程规定的,法定代表人的职务行为就是法人的行为。法人要对其法定代表人执行职务的经营活动向第三人负责。

40. 法人对其工作人员的职务行为应承担法律责任吗？

《民法典》第 170 条规定："执行法人或者非法人组织工作任务的人员，就其职权范围内的事项，以法人或者非法人组织的名义实施民事法律行为，对法人或者非法人组织发生效力。法人或者非法人组织对执行其工作任务的人员职权范围的限制，不得对抗善意相对人。"因此，法人对其工作人员的职务行为要承担法律责任，但对职务行为以外的行为不承担责任。法人工作人员与法人在内部关系上属于劳动合同关系或雇佣关系，工作人员对外以法人名义从事民事活动时属于委托代理关系。

41. 法人的住所在哪里？

《民法典》第 63 条规定："法人以其主要办事机构所在地为住所。依法需要办理法人登记的，应当将主要办事机构所在地登记为住所。"法人可能有多个办事机构所在地，但是主要办事机构所在地只有一个，也就是说，法人的住所只能有一个。

42. 法人的分支机构是否具有法人资格？

法人的分支机构不具有法人资格。法人的分支机构是法人的一部分，在登记核准的范围内以自己的名义从事民事活动。虽然法人的分支机构具有相对独立的民事主体地位，但是其终究不具有法人资格，不能单独对外承担责任。

43. 法人的分支机构能以自己的名义应诉吗？

法人的分支机构能以自己的名义应诉。《民事诉讼法》第 48 条规定："公民、法人和其他组织可以作为民事诉讼的当事人。法人由其法定代表人进行诉讼。其他组织由其主要负责人进行诉讼。”根据《最高人民法院关于适用〈中华人民共和国民事诉讼法〉的解释》第 52 条的规定,《民事诉讼法》第 48 条规定的其他组织是指合法成立、有一定的组织机构和财产,但又不具备法人资格的组织,包括依法设立并领取营业执照的法人的分支机构。因此,法人的分支机构可以自己的名义应诉。法人的分支机构引起纠纷诉至法院的,可以法人的分支机构为被告,也可以法人为被告,还可以分支机构和法人为共同被告,提起诉讼。

44. 法人的分支机构应如何承担民事责任?

《民法典》第 74 条第 2 款规定:“分支机构以自己的名义从事民事活动,产生的民事责任由法人承担;也可以先以该分支机构管理的财产承担,不足以承担的,由法人承担。”因此,法人的分支机构的民事责任应由法人承担,可以先以分支机构管理的财产承担,不足的再由法人承担。在涉及分支机构的诉讼中,可以将法人的分支机构与法人一起列为共同被告。例如,企业法人的分支机构为他人提供担保,发生法律纠纷的,人民法院在审理过程中可以将该企业法人和分支机构列为共同被告参加诉讼。

45. 法人终止的事由有哪些?

法人终止,是指法人的民事主体资格消灭,其直接的法律后果就是不能再以法人名义对外进行民事活动。根据《民法典》第 68 条的规定,有下列原因之一并依法完成清算、注销登记的,法人终止:(1)法人解散;(2)法人被宣告破产;(3)法律规定的其他原因。法人终止,法律、行政法规规定须经有关机关批准的,依照其规定。

46. 法人清算时还可以进行经营活动吗?

《民法典》第 72 条第 1 款规定:“清算期间法人存续,但是不得从事与清算无关的活动。”因此，清算期间，法人还继续存在，仍然具有民事权利能力和民事行为能力，但是其民事权利能力是受到限制的，不得从事与清算无关的活动，以保护债权人和其他人的利益。如果法人在清算期间，仍然继续从事经营活动，会产生新的债权债务关系，这势必会影响到原债权人的利益，同时在法人处于解散的状态下，再开展业务活动，对有关相对人的权益也会造成侵害。所以，清算期间法人虽然存续，但是不得从事与清算无关的活动。《公司法》《社会团体登记管理条例》《事业单位登记管理暂行条例》《民办非企业单位登记管理暂行条例》等法律、行政法规，均规定法人在清算期间不得开展与清算无关的活动。对违反这一规定的，《公司法》还规定了相应的法律责任：公司在清算期间开展与清算无关的经营活动的，由公司登记机关予以警告，没收违法所得。

47. 法人清算组织有哪些职权？

法人进行清算首先要依法成立清算组织。《民法典》第 71 条规定：“法人的清算程序和清算组职权，依照有关法律的规定；没有规定的，参照适用公司法律的有关规定。”因此，法律对法人清算组织职权有规定的，适用法律规定；没有规定的，参照适用《公司法》的规定。根据《公司法》对清算组职权的规定，清算组织通常具有下列职权：(1)清理法人财产，分别编制资产负债表和财产清单；(2)通知、公告债权人；(3)处理与清算有关的法人未了结的业务；(4)清缴所欠税款以及清算过程中产生的税款；(5)清理债权、债务；(6)处理法人清偿债务后的剩余财产；(7)代表法人参与民事诉讼活动。

48. 法人的清算义务人有哪些？

《民法典》第 70 条第 2 款的规定：“法人的董事、理事等执行机构或者决策机构的成员为清算义务人。法律、行政法规另有规定的，依照其规定。"因此,一般而言,法人的董事、理事等执行机构或决策机构的成员是清算义务人。董事、理事无论是作为执行机构的成员还是决策机构的成员,均对法人负有忠实义务和善管义务,且对法人的运作情况最为了解。当出现法人解散事由时,董事、理事有义务依法及时启动清算程序,以保证法人财产不因无人管理而遭受损失。但在法律、行政法规另有规定的情况下,依照其规定。例如,《民办教育促进法》第58条规定:"民办学校终止时,应当依法进行财务清算。民办学校自己要求终止的,由民办学校组织清算;被审批机关依法撤销的,由审批机关组织清算;因资不抵债无法继续办学而被终止的,由人民法院组织清算。"

49. 法人清算后如何处置剩余财产?

《民法典》第72条第2款规定:"法人清算后的剩余财产,按照法人章程的规定或者法人权力机构的决议处理。法律另有规定的,依照其规定。"法人清算后的剩余财产,是指法人财产在分别支付清算费用、职工的工资、社会保险费用和法定补偿金,缴纳所欠税款,清偿公司债务后的剩余财产。对法人清算后的剩余财产,一般要根据法人章程的规定或者法人权力机构的决议来处理,但是法律另有规定的,依照其规定。

二、营利法人

50. 营利法人与非营利法人有什么区别?

根据《民法典》第76条的规定,营利法人,是指以取得利润并分配给股东等出资人为目的的成立的法人。营利法人与非营利法人的区别关键在于利润的分配是否归属于出资人。是否从事经营活动并获取利润,与法人成立的目的没有直接关系,也不影响营利法人与非营利法人的分类。如果利润分配归属于法人，用于实现法人目的，则不是营利法人；如果利润分配给出资人，则属于营利法人。营利法人的类型，包括有限责任公司、股份有限公司和其他企业法人等。其他企业类型包括能够取得中国法人资格的中外合作经营企业和外资企业等。

《民法典》第77条规定："营利法人经依法登记成立。"因此，营利法人经过登记程序成立，取得法人资格。

51. 设立营利法人是否可以不制定法人章程？

《民法典》第79条规定："设立营利法人应当依法制定法人章程。"根据本条规定，设立营利法人必须有法人章程，章程是营利法人设立的法定必备文件之一。因此，设立营利法人必须制定法人章程。

法人章程是指根据法人性质、任务和业务活动需要制定的关于法人的活动范围、组织机构以及内部成员之间的权利义务等的重要文件，是法人从事生产经营活动的行为准则。法人章程的内容可以分为绝对必要记载的事项和任意记载的事项。前者是指法律规定在章程中必须具备的内容，通常包括法人名称、住所、宗旨和经营范围、注册资金、投资数额、投资者的姓名和住所、投资者的权利义务、法人的组织机构和解散条件、利润分配和亏损承担等。章程一经登记就具有法律效力，成为法人的行为准则。

52. 营利法人在从事经营活动的过程中应当履行什么义务？

《民法典》第86条规定："营利法人从事经营活动，应当遵守商业道德，维护交易安全，接受政府和社会的监督，承担社会责任。"营利法人作为民事主体从事经营活动，其合法权益受法律保护，同时也要求其承担一定的义务。因此，营利法人在从事经营活动的过程中应遵守商业道德，维护交易安全，接受政府和社会的监督。承担社会责任，包括避免造成环境污染和维护职工合法权益等方面的责任。

53. 营利法人的出资人滥用出资人权利的是否应承担责任?

《民法典》第83条规定:"营利法人的出资人不得滥用出资人权利损害法人或者其他出资人的利益;滥用出资人权利造成法人或者其他出资人造成损失的,应当依法承担民事责任。营利法人的出资人不得滥用法人独立地位和出资人有限责任损害法人债权人的利益;滥用法人独立地位和出资人有限责任,逃避债务,严重损害法人债权人的利益的,应当对法人债务承担连带责任。"出资人滥用出资人权利的行为,给营利法人或其他出资人造成损失的,滥用权利的出资人应当承担民事责任。在出资人滥用法人的独立地位和出资人有限责任损害法人的债权人利益的情况下,否认法人的独立人格和出资人的有限责任,将营利法人的出资人与营利法人视为一体,追究出资人和营利法人共同的法律责任。此时,出资人与法人对于营利法人债权人的债务应承担连带责任。

54. 什么情形下可以撤销营利法人权利机构、执行机构的决议?

《民法典》第85条规定:"营利法人的权力机构、执行机构作出决议的会议召集程序、表决方式违反法律、行政法规、法人章程,或者决议内容违反法人章程的,营利法人的出资人可以请求人民法院撤销该决议。但是,营利法人依据该决议与善意相对人形成的民事法律关系不受影响。"营利法人权力机构和执行机构的决议对出资人关系重大,如果有关决议有瑕疵,法律赋予出资人相应的救济办法,允许出资人对其提起无效或撤销之诉。根据本条的规定,可以请求人民法院撤销的营利法人权力机构、执行机构决议分为程序瑕疵和内容瑕疵两类:程序瑕疵是指营利法人权力机构、执行机构作出决议的会议召集程序、表决方式违反法律、行政法规、法人章程;内容瑕疵,是指营利法人的权力机构、执行机构决议内容违反法人章程。其中"召集程序、表决方式”应当包括：会议通知、投票计票、表决结果宣布、决议形式、会议记录及签署等。无论是程序还是内容瑕疵，营利法人的出资人都可以请求人民法院撤销该决议。但是需注意，即使该决议被撤销，也不能对抗依据该决议实施法律行为的善意相对人。也就是说，即使决议被撤销，与善意相对人的权利义务关系不受此影响，以合同为例，法人仍然要履行合同义务。

三、非营利法人

55. 非营利法人有什么特点？包含哪些类型？

《民法典》第87条规定：“为公益目的或者其他非营利目的成立，不向出资人、设立人或者会员分配所取得利润的法人，为非营利法人。非营利法人包括事业单位、社会团体、基金会、社会服务机构等。”根据本条规定，非营利法人是为公益目的或者其他非营利目的成立，不向出资人、设立人或者会员分配所取得利润的法人。一个法人是否为非营利法人取决于两个因素：一是成立目的的非营利性，非营利法人是为公益目的或者其他非营利目的成立的。公益目的，是指法人所从事的活动属于社会公益事业。二是不分配利润。非营利法人也可以取得利润，但是不得向出资人、设立人或者会员分配所取得利润。这也是与这类法人设立的目的为非营利相一致的，因为出资人、设立人成立这类法人的目的本身不是赚钱，而是公益目的或者为会员服务，所以法人取得的利益是不能向出资人、设立人或者会员分配的。

56. 非营利法人如何取得法人资格？

根据《民法典》第88、90、92条的规定，事业单位、社会团体经依法登记成立，取得法人资格；依法不需要办理法人登记的，从成立之日起，具有法人资格。为公益目的以捐助财产设立的基金会、社会服务机构等,经依法登记成立,取得捐助法人资格。依法设立的宗教活动场所,具备法人条件的,可以申请法人登记,取得捐助法人资格。法律、行政法规对宗教活动场所有规定的,依照其规定。

57. 捐助法人的捐助人可以行使什么权利监督捐助法人?

捐助人是捐助法人的设立人,根据《民法典》第94条的规定,捐助人有权向捐助法人查询捐助财产的使用、管理情况,并提出意见和建议,捐助法人应当及时、如实答复。

58. 为公益目的成立的非营利法人终止时如何处置剩余财产?

《民法典》第95条规定:"为公益目的成立的非营利法人终止时,不得向出资人、设立人或者会员分配剩余财产。剩余财产应当按照法人章程的规定或者权力机构的决议用于公益目的;无法按照法人章程的规定或者权力机构的决议处理的,由主管机关主持转给宗旨相同或者相近的法人,并向社会公告。"因此,剩余财产可以有以下处理方式:首先按法人章程规定或权力机构的决议用于公益目的;若无法按法人章程或权力机构决议处理,则由主管机关转给宗旨相同或相近的法人,同时向社会公告。注意,剩余财产不得向出资人、设立人分配。

四、特别法人

59. 特别法人有哪些类型?

根据《民法典》第96条的规定,特别法人包括机关法人、农村集体经济组织法人、城镇农村的合作经济组织法人、基层群众性自治组织法人。

60. 机关法人具有什么特点?

机关法人是依据法律法规和行政决定而成立的,包括有独立经费的机关和有独立经费的承担行政职能的法定机构，自成立时就具有法人资格。机关法人是享有公权力的各类国家组织，从事民事活动时，其民事行为能力受到严格限制，仅能从事为履行职能所需要的民事活动。

61. 机关法人终止由谁承担其民事权利和义务？

根据《民法典》第98条的规定，机关法人被撤销的，法人终止，其民事权利和义务由继任的机关法人享有和承担；没有继任的机关法人的，由作出撤销决定的机关法人享有和承担。

第四章　非法人组织

62. 非法人组织的类型有哪些？

非法人组织是无法人资格而能以自己名义从事民事活动的组织，不能独立承担民事责任，非法人组织的责任最终是由设立人或出资人承担无限责任。根据《民法典》第102条的规定，非法人组织包括个人独资企业、合伙企业、不具有法人资格的专业服务机构等。

63. 非法人组织如何承担民事责任？

《民法典》第104条规定："非法人组织的财产不足以清偿债务的，其出资人或者设立人承担无限责任。法律另有规定的，依照其规定。"因此，在法律没有特别规定的情形下，非法人组织首先以其财产承担民事责任，不足以清偿债务的，由出资人或设立人承担无限责任。

需要指出的是，对非法人组织的民事责任问题，如果其他法律另有规定的，要依照其规定，而不适用本条的规定。例如，合伙企业法对特殊的普通合伙企业的民事责任问题作了特别规定：一个合伙人或者数个合伙人在执业活动中因故意或者重大过失造成合伙企业债务的，应当承担无限责任或者无限连带责任,其他合伙人以其在合伙企业中的财产份额为限承担责任。合伙人在执业活动中非因故意或者重大过失造成的合伙企业债务以及合伙企业的其他债务,由全体合伙人承担无限连带责任。合伙人执业活动中因故意或者重大过失造成的合伙企业债务,以合伙企业财产对外承担责任后,该合伙人应当按照合伙协议的约定对给合伙企业造成的损失承担赔偿责任。因此,对特殊的普通合伙企业的民事责任要依据这一规定来适用。又如,合伙企业法规定,有限合伙企业由普通合伙人和有限合伙人组成,普通合伙人对合伙企业债务承担无限连带责任,有限合伙人以其认缴的出资额为限对合伙企业债务承担责任。因此,对有限合伙的民事责任承担问题要适用这一特别规定。再如,《律师法》规定,个人律师事务所的设立人对律师事务所的债务承担无限责任。国家出资设立的律师事务所,依法自主开展律师业务,以该律师事务所的全部资产对其债务承担责任。这些规定也不同于本条的规定,属于法律的特别规定,要优先适用。

第五章 民事权利

64. 自然人享有哪些人格权?

《民法典》第110条规定,自然人享有生命权、身体权、健康权、姓名权、肖像权、名誉权、荣誉权、隐私权、婚姻自主权等权利。法人、非法人组织享有名称权、名誉权和荣誉权。

65. 健康权与身体权有何区别?

健康权是公民保持其自身器官正常功能安全的权利,包括生理、心理健康;而身体权是公民对肢体、器官及其他组织完整性享有的权利。健康权侧重于保持自己身体功能健全,而身体权侧重于保持自己身体的完整性。一般来说，强制文身、强制抽血、偷剪发辫、致人肢体残疾，均属于侵害身体权；而致人耳朵失聪、精神不正常等损害身体功能的行为，均属于侵害健康权。

66. 侵害他人姓名权的行为有哪些？

姓名权属于具体人格权，指自然人享有的决定、变更和使用其姓名的权利。姓名包括登记于户口簿的正式姓名，艺名、笔名等非正式姓名。在日常生活中，常见的侵害姓名权的行为有：(1)干涉，强迫他人决定、使用和变更姓名；(2)盗用他人姓名，即未经他人同意或授权，擅自以他人的名义实施某种活动，以抬高自己身价或谋求不正当的利益；(3)假冒他人姓名，即使用他人的姓名，冒充他人进行活动，以达到某种目的。

67. 常见的侵害名誉权的行为有哪些？

常见的侵害名誉权的行为有：(1)侮辱：以书面、口头、暴力等形式进行人身攻击；(2)诽谤：隐瞒真相、捏造事实并加以传播；(3)新闻报道严重失实，导致他人名誉受损的；(4)批评文章基本内容失实，导致他人名誉受损的；(5)批评文章反映问题虽基本属实，但有侮辱他人人格的内容，导致他人名誉受损的；(6)描写真人真事或者事实上以特定人为描写对象的文学作品，对其进行侮辱、诽谤或者披露隐私，导致他人名誉受损的。

68.《民法典》关于保护个人信息是怎么规定的？

《民法典》第111条规定："自然人的个人信息受法律保护。任何组织或者个人需要获取他人个人信息的，应当依法取得并确保信息安全，不得非法收集、使用、加工、传输他人个人信息，不得非法买卖、提供或者公开他人个人信息。"根据《网络安全法》第76条第5款的规定，自然人的个人信息，是指以电子或者其他方式记录的能够单独或者与其他信息结合识别自然人个人身份的各种信息，包括但不限于自然人的姓名、出生日期、身份证件号码、个人生物识别信息、住址、电话号码等。

个人信息与隐私二者的范围有交叉，重合部分可以称为隐私信息，即权利主体不愿为他人知晓的个人信息，如病史、犯罪记录等，但个人信息不仅包括不愿为外人知晓的隐私信息，还包括可以公开的非隐私信息，如姓名、性别等。并且，隐私带有主观色彩，如身高、住址、电话号码等个人信息，有些人视为隐私，有些人视为可公开信息。

69. 婚姻自主权包括哪些内容？

男女都拥有婚姻自主权，包括结婚自主权和离婚自主权。结婚自主权是公民自主决定自己的婚姻，禁止任何一方对他方加以强迫或者任何第三者加以干涉的权利。离婚自主权是指夫妻双方有权依法自主解除夫妻关系而不受对方或其他任何人的非法干涉。

70. 什么是物权？

物权是民事主体依法享有的一项重要的财产权利。这种权利是权利人在法律规定的范围内对特定的物享有的直接支配和排他的权利。由于物权是直接支配物的权利，因而物权又被称为“绝对权”；物权的权利人享有物权，任何其他人都不得非法干预，物权的权利人以外的任何人都是物权的义务人，因此物权又被称为“对世权”。《民法典》主要对所有权、用益物权、担保物权和占有等各项具体制度作了较为详细的规定。

1. 所有权，是指权利人依法对自己的不动产和动产享有全面支配的权利。所有权具有四项权能，即占有、使用、收益和处分。《民法典》物权编对国家所有权、集体所有权和私人所有权的内容作了较为详细的规定。

2. 用益物权，是指权利人对他人所有的不动产或者动产，依法享有占有、使用和收益的权利。物权编在《物权法》的基础上规定了土地承包经营权、建设用地使用权、宅基地使用权、地役权、居住权这几种用益物权。用益物权是以对他人所有的不动产或者动产为使用、收益的目的而设立的，因而被称作“用益”物权。用益物权制度是物权法律制度中一项非常重要的制度，与所有权制度、担保物权制度一同构成了物权制度的完整体系。

3. 担保物权是为了确保债务履行而设立的物权，当债务人不履行债务时，债权人就担保财产依法享有优先受偿的权利。担保物权对保证债权实现、维护交易秩序、促进资金融通，具有重要作用。根据物权编的规定，我国的担保物权包括抵押权、质权和留置权。物权编第 4 分编对我国的担保物权制度作了详细规定。

71. 什么是征收、征用？

《民法典》第 117 条规定，为了公共利益的需要，依照法律规定的权限和程序征收、征用不动产或者动产的，应当给予公平、合理的补偿。

征收是国家以行政权取得集体、单位和个人的财产所有权的行为。征收的主体是国家，通常是政府以行政决定的方式从集体、单位和个人手中取得土地、房屋等财产。在物权法上，征收是物权变动的一种特殊情形，涉及所有权人的所有权丧失。征用是国家为了抢险、救灾等公共利益需要，在紧急情况下强制性地使用单位、个人的不动产或者动产。征用的目的只在获得使用权，征用不导致所有权移转，被征用的不动产或者动产使用后，应当返还被征用人。征收、征用是政府行使行政权，属于行政关系，不属于民事关系，但由于征收、征用是对所有权或者使用权的限制，同时又是国家取得所有权或者使用权的一种方式,因此民法通常都从这一民事角度对此作原则规定。

需要说明的是,征收和征用是两个不同的法律概念。征收,是指为了公共利益需要,国家将他人所有的财产强制地征归国有;征用,是指为了公共利益需要而强制性地使用他人的财产。征收和征用的共同之处在于,都是为了公共利益需要,都要经过法定程序,并都要给予补偿。不同之处在于,征收主要是所有权的改变,征用只是使用权的改变。征收是国家从被征收人手中直接取得所有权,其结果是所有权发生了移转;征用则主要是在紧急情况下对他人财产的强制使用,一旦紧急情况结束,被征用的财产应返还原权利人。

72. 什么是债?

债是因合同、侵权行为、无因管理、不当得利以及法律的其他规定,特定当事人之间发生的权利义务关系。首先,债是一种民事法律关系,是民事主体之间以权利义务为内容的法律关系。其次,债是特定当事人之间的法律关系。债的主体各方均为特定当事人。再次,债是特定当事人之间得请求为或者不为一定行为的法律关系。享有权利的人是债权人,负有义务的人是债务人。债是以请求权为特征的法律关系,债权人行使债权,只能通过请求债务人为或者不为一定行为得以实现。最后,债是因合同、侵权行为、无因管理、不当得利以及法律的其他规定而发生的法律关系。本章规定的是民事权利,因此从权利角度对债作了规定。债权是因合同、侵权行为、无因管理、不当得利以及法律的其他规定,权利人请求特定义务人为或者不为一定行为的权利。债权是现代社会生活中民事主体的一项重要财产权利。根据本条规定,债的发生原因包括以下几种情况:一是合同。合同是民事主体之间设立、变更、终止民事法律关系的协议。合同依法成立后,即在当事人之间产生债权债务关系。基于合同所产生的债为合同之债。二是侵权行为。侵权行为,是指侵害他人民事权益的行为。因侵权行为，侵权人与被侵权人之间形成债权债务关系。三是无因管理。无因管理，是指没有法定的或者约定的义务，为避免他人利益受损失而进行管理的行为。四是不当得利。不当得利，是指没有法律根据，取得不当利益，造成他人损失的情形。五是法律的其他规定。合同、侵权行为、无因管理、不当得利是债的发生的主要原因，除此之外，法律的其他规定也会引起债的发生，使民事主体依法享有债权。

73. 什么是按份之债？

按份之债，是指债的一方当事人为多数，且多数人一方的当事人各自按照确定的份额分享权利和义务的债。在按份之债中，债的标的是可分的，如丙因购买甲乙厂房，欠二人共 100 万元，其中丙欠甲 40 万元，欠乙 60 万元。

74. 在按份之债中，多数当事人之间如何分享债权、承担债务？

在按份之债中，多数债权人的债权或者多数债务人的债务是相互独立的，相互之间不存在依存关系，任何一个债权人实现了其份额债权或者任何一个债务人履行了其份额债务，与其他债权人或者债务人均不发生任何权利义务关系。例如，丙欠甲乙各 50 万元，丙向甲偿付 50 万元后，甲丙债的关系就消灭了，只剩下丙欠乙 50 万元的债务了，甲乙二人之间不存在任何权利义务关系。

75. 什么是连带之债？

连带之债，是指债的当事人一方为多数，且多数方的各个当事人都有权请求对方履行全部债务，或者负有向对方履行全部债务的义务，全部债权债务关系因债务的一次性全部履行而消灭的债。如甲、乙、丙三人合伙经营某商店，欠下丁 900 万元债务。那么，甲、乙、丙三人都负有向丁履行全部债务的义务。若甲还了丁 900 万元债务，那么甲、乙、丙三人对丁的债务即消灭。

76. 构成不当得利的条件有哪些?

《民法典》第122条规定:“因他人没有法律根据,取得不当利益,受损失的人有权请求其返还不当利益。”

不当得利,是指没有法律根据,取得不当利益,造成他人损失的情形。不当得利制度对民事主体之间的财产流转关系有调节作用,目的在于恢复民事主体之间在特定情形下所发生的非正常的利益变动。因不当得利产生的债称为不当得利之债。本条规定,因他人没有法律根据,取得不当利益,受损失的人有权请求其返还不当利益。不当得利在民法中产生的情况主要有以下几种:一是民事法律行为不成立、无效及被撤销所产生的不当得利;二是履行不存在的债务所引起的不当得利;三是因合同解除产生的不当得利;四是基于受益人、受害人或第三人行为而产生的不当得利;五是基于事件而产生的不当得利。

根据本法的规定,构成不当得利,有以下几个要件:

一是民事主体一方取得利益。取得利益,是指财产利益的增加。既包括积极的增加,即财产总额的增加;也包括消极的增加,即财产总额应减少而未减少,如本应支付的费用没有支付等。

二是民事主体他方受到损失。受到损失,是指财产利益的减少。既包括积极损失,即财产总额的减少;也包括消极损失,即应当增加的利益没有增加。

三是一方取得利益与他方受到损失之间有因果关系。一方取得利益与他方受到损失之间有因果关系,是指他方的损失是因一方获得利益造成的。

四是没有法律根据。没有法律根据是构成不当得利的重要要件。如果一方取得利益和他方受到损失之间有法律根据,民事主体之间的关系就受到法律的认可和保护,不构成不当得利。

77. 不当得利通常发生在哪些情形下?

通常情况下,不当得利发生在如下情形:(1)合同不成立、无效或者被撤销,但是履行了合同义务而引起的不当得利。例如,甲乙订立合伙合同,约定甲提供100万元资金,乙提供技术,共同经营餐厅。甲将100万元资金交付于乙,让乙进行经营,后合同被乙撤销。那么乙没有了合法依据,但收取了甲100万元资金,就是不当得利,应返还给甲。(2)双方之间不存在债权债务关系,但是一方或者双方履行了有关义务而引起的不当得利。例如,甲误认为乙为合同相对方,向乙履行了10吨大米,乙欣然受领。那么,乙获得的这10吨大米没有合法的根据,造成了甲的损失,就是不当得利。(3)双方之间的合同被解除,解除之前已经履行了部分或者全部合同义务而引起的不当得利。例如,甲乙签订房屋买卖合同,甲向乙支付300万元价款后,乙根据法律规定行使解除权解除了合同。那么,乙收取的300万元价款就属于不当得利。(4)基于受益人、受害人或者第三人行为而产生的不当得利。例如,甲委托乙保管汽车一辆,在保管期间乙擅自出租给丙,乙向丙收取了租金。那么,乙将该汽车擅自出租没有合法根据,并因此而收取了租金,属于不当得利。(5)基于事件而产生的不当得利。例如,甲乙两家鱼塘仅隔一堰坝,一日天降暴雨,水势涨至接近坝堤,甲鱼塘中的若干鲤鱼跃至乙的鱼塘。那么,甲鱼塘跳跃至乙鱼塘中的鲤鱼,属于乙不当得利。

78. 善意受益人应返还的不当利益如何确定?

受益人应当将取得的不当利益返还给受损失的人。但是,根据受益人主观心态为善意还是恶意的不同,返还的利益范围也不尽相同。如果受益人是善意的,受益人返还其不当得利的范围为应返还时仅存的利益,对已经不存在的利益不负返还责任。例如,天降暴雨将甲鱼塘的鲤鱼冲至乙鱼塘,后鲤鱼死亡若干。那么,乙返还甲鲤鱼时,应以存活的鲤鱼为限,对已死去的鲤鱼不负返还责任。

79. 恶意受益人应返还的不当利益如何确定?

受益人为恶意的,返还范围应是取得利益时的数额,对已不存在的利益的返还义务并不免除。例如,甲诱骗乙订立了汽车买卖合同,骗取乙50万元购车款,后乙根据法律撤销了该合同。虽然甲获得50万元价款后挥霍一空,身无分文,但是甲返还利益的范围应为其获得的不当利益,即50万元。

80. 构成无因管理需要哪些条件?

无因管理,是指没有法定的或者约定的义务,为避免他人利益受损失而进行管理的行为。管理他人事务的人为管理人,因管理人管理其事务而受益的人为受益人。根据本法的规定,构成无因管理,有以下几个要件:

一是管理他人事务。管理他人事务,即为他人进行管理,这是成立无因管理的首要条件。如将自己的事务误认为他人事务进行管理,即使目的是为他人避免损失,也不能构成无因管理。

二是为避免他人利益受损失。一般来说,在既无法定义务又无约定义务的情况下,管理他人的事务,属于干预他人事务的范畴。而法律规定的无因管理,是为避免他人利益受损失而进行管理的行为。符合助人为乐、危难相助的道德准则的行为,应该得到鼓励和受到保护。

三是没有法定的或者约定的义务。无因,是指没有法定的或者约定的义务。例如,瓜农甲的西瓜在地里长成熟了,甲外出未归,邻居乙雇工将其瓜从地里收回,防止瓜腐烂在地里。没有法定的或者约定的义务是无因管理成立的重要条件。如果行为人负有法定的或者约定的义务进行管理,则不能构成无因管理。

81. 青年志愿者为孤老院打扫卫生是否构成无因管理?

青年志愿者为孤老院打扫卫生,既不属于合同约定义务,也不属于法定义务,但是其属于履行公益性质的义务,也不构成无因管理。类似的行为还有:(1)履行道德性质的义务。如养子女对亲生父母的日常生活进行照料。(2)履行宗教性质的义务。如佛教教徒自愿为佛庙添加香火的行为。

82. 无因管理人应尽哪些义务?

(1)适当管理义务。管理人在进行事务管理时,不得违背本人明示的或可推知的管理意思。但管理人为本人尽公益上的义务或为其履行法定抚养义务时,尽管违反本人明示或可推知的意思,仍为适当管理。同时,管理人应依有利于本人的方法进行管理。(2)通知义务。管理人应将管理事务的事实及时通知给本人,这是管理人的从属义务。管理开始时,除管理人确实无法通知本人之外,均应及时通知本人。通知后,除有紧迫情况外,应听候本人的指示。(3)报告、计算义务。及时报告管理事务的进行状态,管理关系终止时,明确报告其始末;管理事务所取得的物品、钱款及孳息交付本人。

管理人违反上述管理义务时,应区分不同情况进行处理:其一,无因管理成立,但管理人管理方法、措施不当,给本人造成损害的,若管理人有故意或重大过失的,应负赔偿责任;若管理人为一般过失,则应免除或减轻管理人的责任。其二,管理人员有管理意思,但其管理事务却违反本人的管理要求或社会常识,使管理效果不利于本人,即不构成无因管理。管理人如有过错,应按侵权行为负赔偿责任。

83. 管理人管理他人事务构成无因管理的,管理人可以请求本人支付哪些费用?

在无因管理中,管理人可以请求本人承担下列费用:(1)偿还管理人管理事务所支出的必要费用及其利息。主要表现为直接的支出费用。(2)管理人为本人负担必要的债务时,本人应清偿该债务。(3)管理人因管理事务而遭受损失时,本人负责赔偿。如在灭火过程中导致管理人的西服烧毁。

84. 什么是知识产权?

知识产权是国际上广泛使用的一个法律概念,是民事主体对其具有创造性的客体依法享有的专有权利。知识产权有以下特征:一是知识产权是一种无形财产权。二是知识产权具有财产权和人身权的双重属性,如作者享有发表权、署名权、修改权等人身权。三是知识产权具有专有性。法律规定知识产权为权利人专有,除权利人同意或法律规定外,权利人以外第三人不得享有或者使用该项权利,否则为侵害他人的知识产权。四是知识产权具有地域性,法律确认和保护的知识产权,除该国与他国条约或参加国际公约外,只在一国领域内发生法律效力。五是知识产权具有时间性,各国法律对知识产权的保护都有严格的时间限制。丧失效力的知识产权客体进入公有领域,成为全人类共有的财富。根据《民法典》第123条的规定,知识产权是权利人依法就下列客体享有的专有的权利:(1)作品;(2)发明、实用新型、外观设计;(3)商标;(4)地理标志;(5)商业秘密;(6)集成电路布图设计;(7)植物新品种;(8)法律规定的其他客体。

85. 民事权利的行使有限制吗?

根据《民法典》第130条的规定,民事主体按照自己的意愿依法行使民事权利,不受干涉。但这里的“不受干涉”并不是完全的不受限制。根据《民法典》第131条和第132条的规定,民事主体行使权利时,应当履行法律规定的和当事人约定的义务,不得滥用民事权利损害国家利益、社会公共利益或者他人合法权益。

第六章 民事法律行为

86. 民事法律行为有效应具备什么条件?

根据《民法典》第 143 条的规定,民事法律行为有效应具备下列条件:

(1)行为人具有相应的民事行为能力。这里的“相应”,强调行为人所实施的民事法律行为应当与其行为能力相匹配:就完全民事行为能力人而言,可以从事一切民事法律行为,其行为能力不受限制;就限制行为能力人而言,只能实施与其年龄、智力、精神健康状况等相适应的民事法律行为,实施其他行为需要经过法定代理人的同意或者追认;而无行为能力人由于不具备行为能力,其实施的民事法律行为是无效的。

(2)意思表示真实。意思表示作为法律行为的核心要素,其真实性对于保证行为人正确实现行为目的至关重要。此处的真实实际上还包含了传统民法理论意思表示自由的含义。例如,在因欺诈、胁迫实施民事法律行为的情形中,受欺诈人、受胁迫人的意思表示虽然从表面看是真实的,但实际上并非其内心自由意志的体现。在意思表示不真实的情况下,民事法律行为不能具备完全有效的效力。

(3)不违反法律、行政法规的强制性规定,不违背公序良俗。不违反法律、行政法规的强制性规定侧重于具体的法律规范对民事法律行为效力的要求,不违背公序良俗则是从公共秩序和善良习俗方面对民事法律行为提出的要求。

87. 民事法律行为可以采用哪些形式?

《民法典》第 135 条规定:“民事法律行为可以采用书面形式、口头形式或者其他形式;法律、行政法规规定或者当事人约定采用特定形式的,应当采用特定形式。"民事法律行为最常用的两种形式:(1)口头形式,这种形式方便、简洁、明了,但是也难以保留,比较随便,不正式,发生争议后难以取证。(2)书面形式,就是将所有的内容记载于一定载体上,便于保存,比较正式和清楚,可以避免日后纠纷。另外,法律也承认其他形式,如推定形式和沉默形式。推定,是指通过做出某种行为而非语言从而法律推定其具有法律上的意义;沉默,是指什么都不做,法律就推定其具有某种法律意义,产生一定的法律后果。所有的方式在法律没有明确要求的情况下可以由当事人自己选择采用,但是法律规定了特定形式的就应该依照法律规定。

88. 意思表示何时生效?

意思表示是指行为人为了产生一定民法上的效果而将其内心意思通过一定方式表达于外部的行为。"意思",是指设立、变更、终止民事法律关系的内心意图,"表示",是指将内心意思以适当方式向适当对象表示出来的行为。依据是否向相对人作出,意思表示可区分为有相对人的意思表示和无相对人的意思表示。根据《民法典》第137~139条的规定,无相对人的意思表示,表示完成时生效。法律另有规定的,依照其规定。有相对人的意思表示,若以对话方式作出,如面对面交谈、电话等方式,意思表示在相对人知道内容时便发生效力。若以非对话方式作出意思表示,则意思表示到达相对人时生效。例如,以传真、信函的方式作出意思表示,则传真、信函等到达相对人能知悉的领域时生效。在我国,"到达"不意味着相对人必须亲自收到,只要进入相对人通常的地址、住所或能控制的地方(如信箱)即可视为到达,代理人收到也可视为到达。若以数据电文形式作出意思表示的,包括但不限于使用电子数据交换、电子邮件、电报、传真或电传、微信、微博等方式作出意思表示的,分为三种情况:当事人有约定的按照约定;当事人无约定的,若指定了特定系统接收,则意思表示进入特定系统时生效；若未指定特定系统，则相对人知道或者应当知道该数据电文进入其系统时生效。最后，若以公告方式作出的意思表示，则公告发布时生效。

89. 沉默在什么情形下可以视为意思表示？

《民法典》第 140 条的规定，沉默只有在有法律规定、当事人约定或者符合当事人之间的交易习惯时，才可以视为意思表示。意思表示原则上都需要以明示或者默示的方式作出，沉默原则上不得作为意思表示的方式。只有在有法律规定、当事人约定或者符合当事人之间的交易习惯时，才可以视为意思表示。例如，《民法典》第 638 条第 1 款规定，试用买卖的买受人在试用期内可以购买标的物，也可以拒绝购买。试用期间届满，买受人对是否购买标的物未作表示的，视为购买。在这条规定中，试用期间届满后，买受人对是否购买标的物未作表示就是一种沉默，但这种沉默就可以视为买受人作出了购买的意思表示。又如，在买卖合同订立的过程中，双方当事人约定，一方向另一方发出订立合同的要约后，只要另一方当事人在收到 3 日内没有回复的，就视为作出了接受要约内容的承诺，这种约定以沉默作出意思表示也是可以的。

90. 哪些民事法律行为无效？

《民法典》第 144 条规定："无民事行为能力人实施的民事法律行为无效。"第 145 条规定："限制民事行为能力人实施的纯获利益的民事法律行为或者与其年龄、智力、精神健康状况相适应的民事法律行为有效；实施的其他民事法律行为经法定代理人同意或者追认后有效。"即限制民事行为能力人不能独立实施的法律行为未经法定代理人同意或追认的无效。第 146 条规定："行为人与相对人以虚假的意思表示实施的民事法律行为无效。"第 153 条规定："违反法律、行政法规的强制性规定的民事法律行为无效，但是，该强制性规定不导致该民事法律行为无效的除外。违背公序良俗的民事法律行为无效。”第154条规定：“行为人与相对人恶意串通，损害他人合法权益的民事法律行为无效。”无效的民事法律行为，从行为开始起就没有法律约束力。

91. 哪些民事法律行为可撤销？

《民法典》第147条规定：“基于重大误解实施的民事法律行为，行为人有权请求人民法院或者仲裁机构予以撤销。”第148条规定：“一方以欺诈手段，使对方在违背真实意思的情况下实施的民事法律行为，受欺诈方有权请求人民法院或者仲裁机构予以撤销。”第149条规定：“第三人实施欺诈行为，使一方在违背真实意思的情况下实施的民事法律行为，对方知道或者应当知道该欺诈行为的，受欺诈方有权请求人民法院或者仲裁机构予以撤销。”第150条规定：“一方或者第三人以胁迫手段，使对方在违背真实意思的情况下实施的民事法律行为，受胁迫方有权请求人民法院或者仲裁机构予以撤销。”第151条规定：“一方利用对方处于危困状态、缺乏判断能力等情形，致使民事法律行为成立时显失公平的，受损害方有权请求人民法院或者仲裁机构予以撤销。”综上所述，下列民事法律行为可撤销：基于重大误解实施的；受欺诈实施的，包括对方知道第三人欺诈实施的；受胁迫实施的；显失公平的民事法律行为。

92. 显示公平的民事法律行为是否有效？

关于显失公平民事法律行为的效力，从尊重权益受损方意思自治的角度，《民法典》第151条将其规定为可撤销的民事法律行为。受损害方可以基于民事法律行为的具体情况，选择是否向法院或者仲裁机构请求撤销这一行为。这里所规定的显失公平，须包括两项要件：一是主观上民事法律行为的一方当事人利用了对方处于危困状态、缺乏判断能力等情形。这意味着,一方当事人主观上意识到对方当事人处于不利情境,且有利用这一不利情境之故意。所谓危困状态,一般指因陷入某种暂时性的急迫困境而对于金钱、物的需求极为迫切等。二是客观上民事法律行为成立时显失公平。此处的显失公平是指双方当事人在民事法律行为中的权利义务明显失衡、显著不相称。至于“失衡”“不相称”的具体标准,则需要结合民事法律行为的具体情形,如市场风险、交易行情、通常做法等加以判断。同时,需要说明的是,对于显失公平的判断时点,应以民事法律行为成立时为限。由于民事法律行为从成立到实际履行往往有一个过程,这一过程中的许多因素都可能对双方当事人的权利义务产生影响,如果不限定判断的时点,对于显失公平的判定将会缺少客观标准,也无法将原已存在的“权利义务失衡”结果与民事法律行为成立后当事人以外因素对权利义务产生的影响相区分。

93. 民事法律行为部分无效是否导致其他部分无效?

《民法典》第 156 条规定:“民事法律行为部分无效,不影响其他部分效力的,其他部分仍然有效。”民事法律行为的无效事由既可以导致其全部无效,也可以导致部分无效。在部分无效时,如果不影响其他部分的效力,其他部分仍可有效。这意味着,只有在民事法律行为的内容效力可分且相互不影响的情况下,部分无效才不会导致其他部分同时无效。反之,当部分无效的民事法律行为会影响其他部分效力的,其他部分也应无效。

这里所规定的“民事法律行为部分无效,不影响其他部分效力”的情形,主要包括以下几种:一是民事法律行为的标的数量超过国家法律许可的范围。例如,遗嘱继承中,被继承人将其全部遗产均遗赠他人,并未给胎儿保留必要的遗产份额,违反了继承相关的法律规定。

因此,在遗产的应继份范围内的那部分遗赠是无效的,但其他部分的遗赠仍然有效。二是民事法律行为的标的可分,其中一项或数项无效。比如,同一买卖合同的标的物有多个,其中一个或数个标的物因属于国家禁止流通物而无效,其他标的物的买卖仍为有效。三是民事法律行为的非根本性条款因违法或违背公序良俗而无效。例如,雇佣合同中有条款约定"工作期间发生的一切人身伤害,雇主概不负责"。这一条款因违反相关劳动法律以及公序良俗原则而无效,但雇佣合同的其他权利义务条款并不因此无效。

94. 违反法律、行政法规的强制性规定的民事法律行为都无效吗?

《民法典》第143条第1款规定,违反法律、行政法规的强制性规定的民事法律行为无效,但是,该强制性规定不导致该民事法律行为无效的除外。法律规范分为强制性规范与任意性规范。任意性规范的目的是引导、规范民事主体的行为,并不具备强制性效力,民事法律行为与任意性规范不一致的,并不影响其效力。任意性规范体现的是法律对主体实施民事法律行为的一种指引,当事人可以选择适用,也可以选择不适用。与任意性规范相对的是强制性规范,后者体现的是法律基于对国家利益、社会公共利益等的考量,对私人意思自治领域所施加的一种限制。民事主体在实施民事法律行为时,必须服从这种对行为自由的限制,否则会因对国家利益、社会公共利益等的侵害而被判定无效。但是,民事法律行为违反强制性规定无效有一种例外,即当该强制性规定本身并不导致民事法律行为无效时,民事法律行为并不无效。这里实际上涉及对具体强制性规定的性质判断问题。某些强制性规定尽管要求民事主体不得违反,但其并不导致民事法律行为无效。违反该法律规定的后果应由违法一方承担,对没有违法的当事人不应承受一方违法的后果。例如,一家经营水果的商店出售种子，农户购买了该种子，该商店违法经营种子，必须承担相应违法责任，但出于保护农户的目的，不宜认定该买卖行为无效。

95. 民事法律行为无效、被撤销或者确定不发生效力有何法律后果？

《民法典》第157条规定："民事法律行为无效、被撤销或者确定不发生效力后，行为人因该行为取得的财产，应当予以返还；不能返还或者没有必要返还的，应当折价补偿。有过错的一方应当赔偿对方由此所受到的损失；各方都有过错的，应当各自承担相应的责任。法律另有规定的，依照其规定。"因此，民事法律行为无效、被撤销或确定不发生效力的，有以下法律后果：一是返还财产，行为人因该行为取得的财产应当予以返还；二是折价赔偿，对于不能返还或没有必要返还的，例如标的物灭失且原物不能替代，或第三人善意取得该财产等；三是赔偿损失，根据过错赔偿相应的损失。在法律另有规定的情况下，依照法律规定。例如，在法律行为因违法被宣告无效后，并不存在双方当事人相互返还财产的问题，而是需要根据相关法律、行政法规的规定对其予以没收、收缴等。以毒品买卖为例，双方签订的买卖合同因违反法律、行政法规的强制性规定而无效，此时双方因毒品交易产生的非法所得应依据《禁毒法》等法律的规定予以收缴，而不是返还给一方当事人。

96. 如何理解附条件民事法律行为的"条件"？

民事法律行为中所附条件，是指当事人以未来客观上不确定发生的事实，作为民事法律行为效力的附款。所附条件具有以下特点：第一，条件系当事人共同约定，并作为民事法律行为的一部分内容。条件体现的是双方约定一致的意思，这是与法定条件最大的不同之处，后者是指由法律规定的、不由当事人意思决定并具有普遍约束力的条件。当事人不得以法定条件作为其所附条件。第二,条件是未来可能发生的事实。这意味着,已经过去的、现在的以及将来确定不会发生的事实不能作为民事法律行为的所附条件。如果是将来必然发生的事实,应当作为附期限。应当注意,这种条件事实发生的不确定性应当是客观存在的,如果仅仅是当事人认为事实发生与否不确定,但实际上必然发生或者不发生的,也不能作为所附条件。第三,所附条件是当事人用以限定民事法律行为效力的附属意思表示。应当将所附条件与民事法律行为中的供货条件、付款条件等相互区分,后者是民事法律行为自身内容的一部分而非决定效力的附属意思表示。第四,所附条件中的事实应为合法事实,违法事实不能作为民事法律行为的附条件。如不能约定以故意伤害他人作为合同生效的条件。

以所附条件决定民事法律行为效力发生或消灭为标准,条件可以分为生效条件和解除条件。所谓生效条件,是指使民事法律行为效力发生或者不发生的条件。生效条件具备之前,民事法律行为虽已成立但未生效,其效力是否发生处于不确定状态。条件具备,民事法律行为生效;条件不具备,民事法律行为就不生效。比如,甲、乙双方签订房屋买卖合同,约定甲将所居住的房产出卖给乙,其条件是甲出国定居,不在国内居住。当条件具备时,此房屋买卖合同才生效。所谓解除条件,又称消灭条件,是指对已经生效的民事法律行为,当条件具备时,该民事法律行为失效;如果该条件确定不具备,则该民事法律行为将继续有效。

第七章　代　　理

97. 委托代理可以采取哪些形式?

《民法典》第 135 条规定:“民事法律行为可以采用书面形式、口头形式或者其他形式;法律、行政法规规定或者当事人约定采用特定形式的，应当采用特定形式。”据此，在法律、行政法规设有特别规定或者当事人没有约定的情况下，委托代理授权可以争取书面形式、口头形式或者其他形式中的任何一种。在现实生活中，对于重要的民事法律行为，为了避免争议，委托代理授权一般采用书面形式。书面形式的种类很多，根据本法第 469 条第 2 款、第 3 款的规定，书面形式是合同书、信件、电报、电传、传真等可以有形地表现所载内容的形式。以电子数据交换、电子邮件等方式能够有形地表现所载内容，并可以随时调取查用的数据电文，视为书面形式。随着互联网技术的发展，微信、QQ 等已成为人们社会交往的重要载体，也可以成为民事法律行为的载体，有的也属于书面形式的种类。采用口头形式的委托授权，是指当事人以面对面的谈话或者以电话交流等方式形成民事法律行为的形式。

98. 采取书面形式的委托代理书应载明哪些事项？

根据《民法典》第 165 条的规定，授权委托书的内容包括代理人的姓名或者名称、代理事项、代理权限、代理期限等，被代理人还应当在授权委托书上签名或者盖章。应当注意的是，这里规定是对授权委托书应当包括的内容作提示性规定，目的是减少实践中产生纠纷，而非强制性的。

99. 什么是无权代理？

《民法典》第 173 条将无权代理分为三种类型：(1)没有代理权的无权代理。其是指行为人根本没有得到被代理人的授权，就以被代理人名义从事的代理。比如，行为人伪造他人的公章、合同书或者授权委托书等，假冒他人的名义实施民事法律行为，就是典型的无权代理。(2)超越代理权的无权代理。其是指行为人与被代理人之间有代理关系存在，行为人有一定的代理权，但其实施的代理行为超出了代理范围的代理。例如，甲委托乙购买300台电视机，但是乙擅自与他人签订了购买500台电视机的合同；或者甲委托乙购买电视机，但是乙购买了电冰箱，这些都是超越代理权的无权代理。(3)代理权终止后的无权代理。其是指行为人与被代理人之间原本有代理关系，由于法定情形的出现使代理权终止，但是行为人仍然从事的代理。法定情形主要指《民法典》第173条规定的情形，包括代理期限届满、代理事务完成或者被代理人取消委托等。

100. 无权代理的行为都无效吗？

《民法典》第171条规定："行为人没有代理权、超越代理权或者代理权终止后，仍然实施代理行为，未经被代理人追认的，对被代理人不发生效力。相对人可以催告被代埋人自收到通知之日起三十日内予以追认。被代理人未作表示的，视为拒绝追认。行为人实施的行为被追认前，善意相对人有撤销的权利。撤销应当以通知的方式作出。……相对人知道或者应当知道行为人无权代理的，相对人和行为人按照各自的过错承担责任。"因此，无权代理的行为并非都无效，若被代理人追认该行为，则无权代理转化为有权代理，行为有效；若被代理人拒绝追认，则该无权代理行为无效。这里所指的"追认"，是指被代理人对无权代理行为事后予以承认的一种单方意思表示。被代理人的追认应当以明示的意思表示向相对人作出，如果仅向行为人作出意思表示，也必须使相对人知道后才能产生法律效果。追认必须在相对人催告期限尚未届满前以及善意相对人未行使撤销权前行使。一旦被代理人作出追认，无权代理就变成有权代理，行为人实施的民事法律行为就从成立时起对被代理人产生法律效力。

101. 第三人相信无权代理人具有代理权，该代理行为是否有效？

《民法典》第 172 条规定："行为人没有代理权、超越代理权或者代理权终止后，仍然实施代理行为，相对人有理由相信行为人有代理权的，代理行为有效。"因此，第三人相信无权代理人具有代理权，构成表见代理的，该代理行为有效。构成表见代理，应当具备下列要件：一是代理人无代理权，包括没有代理权、超越代理权或代理权终止；二是有权利外观，即存在使相对人相信代理人享有代理权的事实和理由，例如代理人持有被代理人的介绍信或有被代理人公章的空白合同书，代理人持有被代理人的印章等；三是相对人善意无过失；四是权利外观归因于被代理人，被代理人的行为与权利外观的形成有牵连性，例如，终止代理权后应当及时通知相对人而未通知，权利外观不归因于被代理人的不成立表见代理，例如，行为人私刻印章、伪造介绍信等。在现实生活中，表见代理一般发生在以下两种情形：(1)行为人与被代理人之间曾存在雇佣关系，但由于种种原因被代理人未将二者雇佣关系终止的事实告知或者行为人手中仍持有表明雇佣关系存在的法律文件。那么，代理人继续代理的，第三人相信其有代理权是有理由的，该代理行为有效。(2)行为人与被代理人之间曾存在授权委托关系，但由于种种原因，授权结束后行为人仍持有被代理人的代理证明文件，如盖有合同专用章或者公章的空白合同书、空白授权委托书等。那么，代理人继续持有这些代理证明文件从事代理行为，第三人相信其有代理权是有理由的，该代理行为有效。

102. 什么是共同代理？

共同代理，是指数个代理人共同行使一项代理权的代理。共同代理有如下几个特征：一是有数个代理人。如果只有一个代理人，属于单独代理,而不是共同代理。二是只有一个代理权。如果数个代理人有数个代理权,属于集合代理,而不是共同代理。例如,被代理人授权甲为其购买一台电视机、乙为其购买一台电冰箱,即为集合代理。被代理人授权甲、乙一起为其购买一台电视机和一台电冰箱,才属于共同代理。三是共同行使代理权。共同行使是指只有经过全体代理人的共同同意才能行使代理权,即数人应当共同实施代理行为,享有共同的权利义务。任何一个代理人单独行使代理权,均属于无权代理。如果数个代理人对同一个代理权可以单独行使,也属于单独代理,而不是共同代理。比如,被代理人授权甲、乙一起为其购买一台电视机和一台电冰箱,但谁买都可以,此种情况属于单独代理,而不是共同代理。

共同代理,应当由被代理人授权,但在被代理人就同一代理权指定了数个代理人,有约定的当然按约定处理,没约定的,法律推定为共同代理,数个代理人应当共同行使代理权,任何一个代理人都不得擅自单独实施代理行为。

103. 代理违法仍然实施代理行为的如何承担责任?

《民法典》第 167 条规定:“代理人知道或者应当知道代理事项违法仍然实施代理行为,或者被代理人知道或者应当知道代理人的代理行为违法未作反对表示的,被代理人和代理人应当承担连带责任。”根据这一条的规定,被代理人、代理人利用委托代理关系从事的违法行为可分为两类:一是代理事项本身违法,如委托代理人销售假冒伪劣产品;二是代理事项不违法,但代理人实施的代理行为违法,如委托代理人销售合法产品,代理人将该产品贴上假冒商标进行销售。代理违法造成第三人损害的,自应承担民事责任,但由被代理人承担还是代理人承担应当区分不同情形加以确定:

第一,代理事项违法,但代理人不知道或者不应当知道该代理事项违法，此时应由被代理人承担民事责任。如甲将假冒伪劣产品委托乙代为销售，但乙不知道该产品为假冒伪劣产品，则由甲承担民事责任，乙不承担责任。

第二，代理事项违法，代理人知道或者应当知道该代理事项违法仍然实施了代理行为，此时代理人与被代理人应当承担连带责任。如甲将假冒伪劣产品委托乙代为销售，乙知道该产品为假冒伪劣产品仍然对外销售，则甲和乙承担连带责任。

第三，代理事项不违法，但代理人实施了违法的代理行为，被代理人不知道或者不应当知道该行为违法，或者知道后表示反对的，此时应由代理人承担民事责任。如甲委托乙销售合法产品，乙将该产品贴上假冒商标进行销售，甲对此毫不知情，则乙承担民事责任，甲不承担责任。

第四，代理事项不违法，但代理人实施了违法的代理行为，被代理人知道或者应当知道该行为违法未作反对表示的，此时被代理人应与代理人承担连带责任。如甲委托乙销售合法产品，乙将该产品贴上假冒商标进行销售，甲知道后装作不知情，则甲和乙承担连带责任。

104. 代理人和第三人恶意串通损害被代理人的利益，应如何承担责任？

《民法典》第 164 条第 2 款规定：“代理人和相对人恶意串通，损害被代理人合法权益的，代理人和相对人应当承担连带责任。”因此，代理人与第三人恶意串通损害被代理人的利益的，由代理人与第三人承担连带责任。恶意，是指双方都明知或者应知其实施的行为会造成被代理人合法权益的损害还故意为之。串通，是指双方在主观上有共同的意思联络。此处的恶意串通就是双方串通在一起，共同实施某种行为来损害被代理人的合法权益。如果双方当事人或者一方当事人不知且不应知其行为的损害后果，就不构成恶意串通，不能适用该规定，应当根据各自的行为来承担相应的民事责任。

105. 第三人知道代理人无权代理而给他人造成损害的，应由谁承担责任？

《民法典》第171条第4款规定："相对人知道或者应当知道行为人无权代理的，相对人和行为人按照各自的过错承担责任。"因此，第三人知道代理人无权代理而给他人造成损害的，由第三人和代理人按照各自的过错承担责任。

106. 代理人可将委托事项转委托于他人吗？

《民法典》第169条规定："代理人需要转委托第三人代理的，应当取得被代理人的同意或者追认……转委托代理未经被代理人同意或者追认的，代理人应当对转委托的第三人的行为承担责任，但是，在紧急情况下代理人为了维护被代理人的利益需要转委托第三人代理的除外。"因此，代理人可将委托事项转委托于他人，但是一般需要经被代理人同意或追认；在紧急情况下，为了被代理人的利益，可以不经被代理人的同意将代理事项转委托于他人。

107. 什么情形下委托代理终止？

根据《民法典》第173条的规定，有下列情形之一的，委托代理终止：(1)代理期限届满或者代理事务完成；(2)被代理人取消委托或者代理人辞去委托；(3)代理人丧失民事行为能力；(4)代理人或者被代理人死亡；(5)作为代理人或者被代理人的法人、非法人组织终止。但根据第174条的规定，被代理人死亡后，有下列情形之一的，委托代理人实施的代理行为有效：(1)代理人不知道且不应当知道被代理人死亡；(2)被代理人的继承人予以承认；(3)授权中明确代理权在代理事务完成时终止；(4)被代理人死亡前已经实施，为了被代理人的继承人的利益继续代理。

108. 什么情形下法定代理终止？

根据《民法典》第175条的规定，有下列情形之一的，法定代理终止：(1)被代理人取得或者恢复完全民事行为能力；(2)代理人丧失民事行为能力；(3)代理人或者被代理人死亡；(4)法律规定的其他情形。

第八章 民事责任

109. 什么是按份责任？

《民法典》第177条规定："二人以上依法承担按份责任，能够确定责任大小的，各自承担相应的责任；难以确定责任大小的，平均承担责任。"

按份责任，是指责任人为多人时，各责任人按照一定的份额向权利人承担民事责任，各责任人之间无连带关系。也就是说，责任人各自承担不同份额的责任，不具有连带性，权利人只能请求属于按份责任人的责任份额。按份责任产生的前提，是二个以上的民事主体不依照法律规定或者当事人约定履行民事义务产生的民事责任。

110. 什么是连带责任？

《民法典》第178条规定："二人以上依法承担连带责任的，权利人有权请求部分或者全部连带责任人承担责任。连带责任人的责任份额根据各自责任大小确定；难以确定责任大小的，平均承担责任。实际承担责任超过自己责任份额的连带责任人，有权向其他连带责任人追偿。连带责任，由法律规定或者当事人约定。"

连带责任，是指依照法律规定或者当事人的约定，两个或者两个以上当事人对共同产生的不履行民事义务的民事责任承担全部责任，并因此引起内部债务关系的一种民事责任。连带责任是一项重要的责任承担方式。连带责任可能基于合同产生,也可能基于侵权行为产生。

连带责任的特征主要表现在:(1)连带责任对于违反民事义务的主体而言是一种比较严厉的责任方式。连带责任对外是一个整体的责任。连带责任中的每个主体都需要对被损害者承担全部责任。被请求承担全部责任的连带责任主体,不得因自己的过错程度而只承担自己的责任。(2)连带责任对被损害者的保护更为充分。连带责任给了被损害者更多的选择权,被损害者可以请求一个或者数个连带责任人承担全部或者部分的赔偿责任。(3)连带责任是法定责任,连带责任人之间不能约定改变责任的性质,对于内部责任份额的约定对外不发生效力。

在一个或者数个连带责任人清偿了全部责任后,实际承担责任的人有权向其他连带责任人追偿。行使追偿权的前提是连带责任人实际承担了超出自己责任的份额,没有超出自己责任的份额,不得行使追偿权。

111. 民事主体承担民事责任后,是否还要承担行政责任和刑事责任?

《民法典》第 187 条规定:“民事主体因同一行为应当承担民事责任、行政责任和刑事责任的,承担行政责任或者刑事责任不影响承担民事责任;民事主体的财产不足以支付的,优先用于承担民事责任。”因此,若民事主体因同一行为应承担民事、行政和刑事责任的,承担民事责任后还要承担行政和刑事责任。

112. 什么是不可抗力?

《民法典》第 180 条规定:“因不可抗力不能履行民事义务的,不承担民事责任。法律另有规定的,依照其规定。不可抗力是不能预见、不能避免且不能克服的客观情况。”

对“不可抗力”的理解,应是根据现有的技术水平,一般对某事件发生没有预知能力。人们对某事件的发生的预知能力取决于当代的科学技术水平。“不能避免且不能克服”,应是指当事人已经尽到最大努力和采取一切可以采取的措施,仍不能避免某种事件的发生并不能克服事件所造成的后果。“不能避免且不能克服”表明某个事件的发生和事件所造成的后果具有必然性。

通常情况下,因不可抗力不能履行民事义务的,不承担民事责任。但法律规定因不可抗力不能履行民事义务,也要承担民事责任的则需要依法承担民事责任。具体什么情况下应承担民事责任、承担责任的程度等要依照法律的规定确定。例如,根据《民用航空法》第 160 条的规定,民用航空器造成他人损害的,民用航空器的经营人只有能够证明损害是武装冲突、骚乱造成的,或者是因受害人故意造成的,才能免除其责任。因不可抗力的自然灾害造成的,不能免除民用航空器经营人的责任。

113. 因正当防卫致人损害,行为人是否承担民事责任?

正当防卫,是指当公共利益、他人或本人的人身或其他利益受到正在发生的不法侵害,行为人所采取的一种防卫措施。根据《民法典》第 181 条的规定,如果因正当防卫造成损害的,行为人不承担民事责任。但是,正当防卫超过必要限度,造成不应有的损害的,行为人应当承担适当的民事责任。

114. 因紧急避险致人损害,行为人是否承担民事责任?

紧急避险,是指为使公共利益、他人或者本人的人身或者其他利益免受正在发生的现实和紧迫的危险,行为人不得不采取的一种致他人和本人损害的行为。根据《民法典》第 182 条的规定,因紧急避险造成损害的,由引起险情发生的人承担民事责任。如果危险是由自然原因引起的,紧急避险人不承担民事责任,可以予以适当补偿。因紧急避险采取措施不当或者超过必要的限度,造成不应有的损害的,紧急避险人应当承担适当的民事责任。

115. 因为保护他人民事权益而使自己受到损害的,由谁承担责任?

《民法典》第 183 条规定:"因保护他人民事权益使自己受到损害的,由侵权人承担民事责任,受益人可以给予适当补偿。没有侵权人、侵权人逃逸或者无力承担民事责任,受害人请求补偿的,受益人应当给予适当补偿。"因此,因为保护他人民事权益而使自己受到损害的,首先由侵权人承担责任,受益人愿意补偿的可以给予适当补偿。在没有侵权人、侵权人逃逸或无力承担民事责任的情况下,若受害人请求补偿,则受益人应当予以适当补偿。

116. 侵害英雄烈士等的姓名、肖像、名誉、荣誉是否要承担民事责任?

根据《民法典》第 185 条的规定,侵害英雄烈士等的姓名、肖像、名誉、荣誉,损害社会公共利益的,应当承担民事责任。

117. 违约责任或者侵权责任同时存在的应该如何适用?

《民法典》第 186 条规定:"因当事人一方的违约行为,损害对方人身权益、财产权益的,受损害方有权选择请求其承担违约责任或者侵权责任。"根据这一条的规定,受损害方可以在两种请求权中选择行使一种请求权。这意味着受损害方只能行使一种请求权,如果受损害方选择行使一种请求权并得到实现,那么另一种请求权即告消灭。但是,如果受损害方行使一种请求权未果,而另一种请求权并未因时效而消灭,则受损害方仍可行使另一种请求权。由于合同纠纷与侵权纠纷在管辖法院和适用法律方面存在区别,允许受损害方选择有利于自己的一种诉由提起诉讼,对受损害方比较方便,也有利于对受损害方的保护。对违约方来说,这两种责任无论对方要求其承担哪一种,都是合理的。

118. 承担民事责任的方式有哪些?

根据《民法典》第 179 条的规定,承担民事责任的方式主要有:(1)停止侵害;(2)排除妨碍;(3)消除危险;(4)返还财产;(5)恢复原状;(6)修理、重作、更换;(7)继续履行;(8)赔偿损失;(9)支付违约金;(10)消除影响、恢复名誉;(11)赔礼道歉。法律规定如有惩罚性赔偿的,依照其规定。上述承担民事责任的方式,可以单独适用,也可以合并适用。

第九章　诉讼时效

119. 普通诉讼时效期间有多长?

诉讼时效,是指民事权利受到损害的权利人在法定的时效期间内不行使权利,当时效期间届满时,义务人获得诉讼时效抗辩权的法律制度。根据《民法典》第 188 条的规定,普通诉讼时效期间为 3 年,但法律另有规定的依照其规定。该期间从权利人知道或应当知道权利受到损害以及义务人之日起算。

120. 诉讼时效期间已过,当事人还可以向法院提起诉讼吗?

诉讼时效期间已过,义务人获得抗辩权但是权利人并不丧失向法院提起诉讼的权利。如果当事人向法院提起诉讼的,法院应予受理。

如果对方当事人未提出已过诉讼时效抗辩的，法院经审理判决后义务人应履行相应义务。

121. 诉讼时效期间已过，一方自愿履行后要求返还，法律是否支持？

《民法典》第 192 条第 2 款规定："诉讼时效期间届满后，义务人同意履行的，不得以诉讼时效期间届满为由抗辩；义务人已经自愿履行的，不得请求返还。"因此，虽然已经超过诉讼时效，但是当事人自愿履行的，权利人仍可以接受，不构成不当得利。如果当事人反悔要求返还的，权利人可以予以拒绝，法律不支持。

122. 诉讼时效期间应从何时起算？

诉讼时效期间的起算点是"自权利人知道或者应当知道权利受到损害以及义务人之日"。具体来说：(1)明确约定履行期限的合同，自履行期满之日的次日为诉讼时效期间的第 1 天；(2)未约定履行期限的合同，自权利人主张权利时给对方当事人宽限期届满之日起计算诉讼时效；(3)人身伤害中，当时即发现受伤的，从侵害当日起算；伤势当时未发现的，从伤势确诊之日起算；(4)国家机关及其工作人员履行职务过程中侵权的，自国家机关及其工作人员行使职权时的行为被依法确认为违法之日起算；(5)分期付款买卖合同的诉讼时效，应按照相应的履行日期分别计算，而不是从最后的履行日期开始计算；(6)同一笔债务分期履行的，诉讼时效从最后一期债务履行期限届满之日起算。

123. 什么是诉讼时效中止？

所谓诉讼时效中止，是在诉讼时效期间的最后 6 个月发生了不可抗力或者其他障碍导致不能行使请求权的，使诉讼时效停止计算，待中止事由消除之日，再继续计算诉讼时效的情形。

124. 导致诉讼时效中止的事由有哪些？

根据《民法典》第 194 条的规定，在诉讼时效期间的最后 6 个月内，因下列障碍，不能行使请求权的，诉讼时效中止：(1)不可抗力；(2)无民事行为能力人或者限制民事行为能力人没有法定代理人，或者法定代理人死亡、丧失民事行为能力、丧失代理权；(3)继承开始后未确定继承人或者遗产管理人；(4)权利人被义务人或者其他人控制；(5)其他导致权利人不能行使请求权的障碍。自中止时效的原因消除之日起满 6 个月，诉讼时效期间届满。

125. 诉讼时效中止，有何法律后果？

中止事由一旦发生的，已经经过的时效期间仍然有效，待中止事由消除之日，再继续计算诉讼时效，自中止时效的原因消除之日起满 6 个月，诉讼时效期间届满。

126. 什么是诉讼时效中断？

所谓诉讼时效中断，是指在发生特定事由的情况下，已经进行的诉讼期间归于无效，待到中断事由消除后，诉讼时效期间重新计算。

127. 导致诉讼时效中断的事由有哪些？

根据《民法典》第 195 条的规定，有下列情形之一的，诉讼时效中断：(1)权利人向义务人提出履行请求；(2)义务人同意履行义务；(3)权利人提起诉讼或者申请仲裁；(4)与提起诉讼或者申请仲裁具有同等效力的其他情形。从中断、有关程序终结时起，诉讼时效期间重新计算。《最高人民法院关于审理民事案件适用诉讼时效制度若干问题的规定》第十三条规定，下列事项之一，人民法院应当认定与提起诉讼具有同等诉讼时效中断的效力:(1)申请支付令;(2)申请破产、申报破产债权;(3)为主张权利而申请宣告义务人失踪或死亡;(4)申请诉前财产保全、诉前临时禁令等诉前措施;(5)申请强制执行;(6)申请追加当事人或者被通知参加诉讼;(7)在诉讼中主张抵销;(8)其他与提起诉讼具有同等诉讼时效中断效力的事项。

128. 诉讼时效中断,有何法律后果?

导致中断的事由一旦发生,已经经过的诉讼时效期间不计算入内,从中断时起,重新计算诉讼时效期间。诉讼时效可以反复中断,但是最长时间不能超过权利最长保护期间,即 20 年。

129. 哪些民事权利的保护不受诉讼时效制度的约束?

《民法典》第 196 条规定,下列请求权不适用诉讼时效的规定:(1)请求停止侵害、排除妨碍、消除危险;(2)不动产物权和登记的动产物权的权利人请求返还财产;(3)请求支付抚养费、赡养费或者扶养费;(4)依法不适用诉讼时效的其他请求权。《最高人民法院关于审理民事案件适用诉讼时效制度若干问题的规定》第 1 条规定,当事人可以对债权请求权提出诉讼时效抗辩,但对下列请求权提出诉讼时效抗辩的,人民法院不予支持:(1)支付存款本金及利息请求权;(2)兑付国债、金融债券以及向不特定对象发行的企业债券本息请求权;(3)基于投资关系产生的缴付出资请求权;(4)其他依法不适用诉讼时效规定的债权请求。虽然上述请求权不受诉讼时效制度的约束,但还是鼓励权利人尽早行使权利以维护自己的合法权益。

130. 法官能否主动适用诉讼时效?

《民法典》第 193 条规定:“人民法院不得主动适用诉讼时效的规定。”因此,在义务人未提出诉讼时效抗辩的情形下,法官不能主动适用诉讼时效而判决权利人败诉。

131. 未成年人遭受性侵害的损害赔偿请求权的诉讼时效期间从何时起算？

《民法典》第191条规定："未成年人遭受性侵害的损害赔偿请求权的诉讼时效期间，自受害人年满十八周岁之日起计算。"因此，未成年人遭受性侵害的，在权利受到侵害后，诉讼时效期间届满前，其法定代理人可以代为行使损害赔偿请求权。但若在该期间，出于各种原因其受损害的权利未得到救济的，受害人在年满18周岁后可以依据本条的规定请求损害赔偿。该损害赔偿请求权的诉讼时效期间自受害人年满18周岁之日起算，适用3年的普通诉讼时效期间的规定。

132. 无民事行为能力人、限制民事行为能力人对其法定代理人的请求权的诉讼时效期间从何时起算？

《民法典》第190条规定："无民事行为能力人或者限制民事行为能力人对其法定代理人的请求权的诉讼时效期间，自该法定代理终止之日起计算。"例如，甲为限制民事行为能力人，其父母死亡后，人民法院在其近亲属范围内确定了一名监护人，该近亲属成为其法定代理人，在监护过程中，侵占被监护的甲的父母的遗产。此时由于甲无法自己进行诉讼，需要由其法定代理人代为进行，则会出现法定代理人作为原被告双方的情形，显然不合理。因此，为保护甲之权益，法律规定甲对该法定代理人的请求权自该法定代理终止之日起算。

关联法规

1. 中华人民共和国
涉外民事关系法律适用法

（2010 年 10 月 28 日第十一届全国人民代表大会常务委员会第十七次会议通过）

第一章　一 般 规 定

第一条　为了明确涉外民事关系的法律适用，合理解决涉外民事争议，维护当事人的合法权益，制定本法。

第二条　涉外民事关系适用的法律，依照本法确定。其他法律对涉外民事关系法律适用另有特别规定的，依照其规定。

本法和其他法律对涉外民事关系法律适用没有规定的，适用与该涉外民事关系有最密切联系的法律。

第三条　当事人依照法律规定可以明示选择涉外民事关系适用的法律。

第四条　中华人民共和国法律对涉外民事关系有强制性规定的，直接适用该强制性规定。

第五条　外国法律的适用将损害中华人民共和国社会公共利益的，适用中华人民共和国法律。

第六条　涉外民事关系适用外国法律，该国不同区域实施不同法律的，适用与该涉外民事关系有最密切联系区域的法律。

第七条　诉讼时效，适用相关涉外民事关系应当适用的法律。

第八条　涉外民事关系的定性，适用法院地法律。

第九条　涉外民事关系适用的外国法律，不包括该国的法律适用法。

第十条　涉外民事关系适用的外国法律，由人民法院、仲裁机构或者行政机关查明。当事人选择适用外国法律的，应当提供该国法律。

不能查明外国法律或者该国法律没有规定的，适用中华人民共和国法律。

第二章　民 事 主 体

第十一条　自然人的民事权利能力，适用经常居所地法律。

第十二条　自然人的民事行为能力，适用经常居所地法律。

自然人从事民事活动，依照经常居所地法律为无民事行为能力，依照行为地法律为有民事行为能力的，适用行为地法律，但涉及婚姻家庭、继承的除外。

第十三条　宣告失踪或者宣告死亡，适用自然人经常居所地法律。

第十四条　法人及其分支机构的民事权利能力、民事行为能力、组织机构、股东权利义务等事项，适用登记地法律。

法人的主营业地与登记地不一致的，可以适用主营业地法律。法人的经常居所地，为其主营业地。

第十五条　人格权的内容，适用权利人经常居所地法律。

第十六条　代理适用代理行为地法律，但被代理人与代理人的民事关系，适用代理关系发生地法律。

当事人可以协议选择委托代理适用的法律。

第十七条　当事人可以协议选择信托适用的法律。当事人没有选择的，适用信托财产所在地法律或者信托关系发生地法律。

第十八条　当事人可以协议选择仲裁协议适用的法律。当事人没有选择的，适用仲裁机构所在地法律或者仲裁地法律。

第十九条　依照本法适用国籍国法律，自然人具有两个以上国籍的，适用有经常居所的国籍国法律；在所有国籍国均无经常居所的，适用与其有最密切联系的国籍国法律。自然人无国籍或者国籍不明的，适用其经常居所地法律。

第二十条　依照本法适用经常居所地法律，自然人经常居所地不明的，适用其现在居所地法律。

第三章　婚 姻 家 庭

第二十一条　结婚条件，适用当事人共同经常居所地法律；没有共同经常居所地的，适用共同国籍国法律；没有共同国籍，在一方当事人经常居所地或者国籍国缔结婚姻的，适用婚姻缔结地法律。

第二十二条 结婚手续,符合婚姻缔结地法律、一方当事人经常居所地法律或者国籍国法律的,均为有效。

第二十三条 夫妻人身关系,适用共同经常居所地法律;没有共同经常居所地的,适用共同国籍国法律。

第二十四条 夫妻财产关系,当事人可以协议选择适用一方当事人经常居所地法律、国籍国法律或者主要财产所在地法律。当事人没有选择的,适用共同经常居所地法律;没有共同经常居所地的,适用共同国籍国法律。

第二十五条 父母子女人身、财产关系,适用共同经常居所地法律;没有共同经常居所地的,适用一方当事人经常居所地法律或者国籍国法律中有利于保护弱者权益的法律。

第二十六条 协议离婚,当事人可以协议选择适用一方当事人经常居所地法律或者国籍国法律。当事人没有选择的,适用共同经常居所地法律;没有共同经常居所地的,适用共同国籍国法律;没有共同国籍的,适用办理离婚手续机构所在地法律。

第二十七条 诉讼离婚,适用法院地法律。

第二十八条 收养的条件和手续,适用收养人和被收养人经常居所地法律。收养的效力,适用收养时收养人经常居所地法律。收养关系的解除,适用收养时被收养人经常居所地法律或者法院地法律。

第二十九条 扶养,适用一方当事人经常居所地法律、国籍国法律或者主要财产所在地法律中有利于保护被扶养人权益的法律。

第三十条 监护,适用一方当事人经常居所地法律或者国籍国法律中有利于保护被监护人权益的法律。

第四章 继　　承

第三十一条 法定继承,适用被继承人死亡时经常居所地法律,但不动产法定继承,适用不动产所在地法律。

第三十二条 遗嘱方式,符合遗嘱人立遗嘱时或者死亡时经常居所地法律、国籍国法律或者遗嘱行为地法律的,遗嘱均为成立。

第三十三条 遗嘱效力,适用遗嘱人立遗嘱时或者死亡时经常居所地法律或者国籍国法律。

第三十四条 遗产管理等事项，适用遗产所在地法律。

第三十五条 无人继承遗产的归属，适用被继承人死亡时遗产所在地法律。

第五章 物 权

第三十六条 不动产物权，适用不动产所在地法律。

第三十七条 当事人可以协议选择动产物权适用的法律。当事人没有选择的，适用法律事实发生时动产所在地法律。

第三十八条 当事人可以协议选择运输中动产物权发生变更适用的法律。当事人没有选择的，适用运输目的地法律。

第三十九条 有价证券，适用有价证券权利实现地法律或者其他与该有价证券有最密切联系的法律。

第四十条 权利质权，适用质权设立地法律。

第六章 债 权

第四十一条 当事人可以协议选择合同适用的法律。当事人没有选择的，适用履行义务最能体现该合同特征的一方当事人经常居所地法律或者其他与该合同有最密切联系的法律。

第四十二条 消费者合同，适用消费者经常居所地法律；消费者选择适用商品、服务提供地法律或者经营者在消费者经常居所地没有从事相关经营活动的，适用商品、服务提供地法律。

第四十三条 劳动合同，适用劳动者工作地法律；难以确定劳动者工作地的，适用用人单位主营业地法律。劳务派遣，可以适用劳务派出地法律。

第四十四条 侵权责任，适用侵权行为地法律，但当事人有共同经常居所地的，适用共同经常居所地法律。侵权行为发生后，当事人协议选择适用法律的，按照其协议。

第四十五条 产品责任，适用被侵权人经常居所地法律；被侵权人选择适用侵权人主营业地法律、损害发生地法律的，或者侵权人在被侵权人经常居所地没有从事相关经营活动的，适用侵权人主营业地法律或者损害发生地法律。

第四十六条 通过网络或者采用其他方式侵害姓名权、肖像权、名誉权、隐私权等人格权的，适用被侵权人经常居所地法律。

第四十七条 不当得利、无因管理，适用当事人协议选择适用的法律。当事人没有选择的，适用当事人共同经常居所地法律；没有共同经常居所地的，适用不当得利、无因管理发生地法律。

第七章 知识产权

第四十八条 知识产权的归属和内容，适用被请求保护地法律。

第四十九条 当事人可以协议选择知识产权转让和许可使用适用的法律。当事人没有选择的，适用本法对合同的有关规定。

第五十条 知识产权的侵权责任，适用被请求保护地法律，当事人也可以在侵权行为发生后协议选择适用法院地法律。

第八章 附 则

第五十一条 《中华人民共和国民法通则》第一百四十六条、第一百四十七条，《中华人民共和国继承法》第三十六条，与本法的规定不一致的，适用本法。

第五十二条 本法自2011年4月1日起施行。

2. 最高人民法院关于审理人身损害赔偿案件适用法律若干问题的解释

（2003年12月4日由最高人民法院审判委员会第1299次会议通过 根据2020年12月23日最高人民法院审判委员会第1823次会议通过的《最高人民法院关于修改〈最高人民法院关于在民事审判工作中适用《中华人民共和国工会法》若干问题的解释〉等二十七件民事类司法解释的决定》修正）

为正确审理人身损害赔偿案件，依法保护当事人的合法权益，根据《中华人民共和国民法典》《中华人民共和国民事诉讼法》等有关法律规定，结合审判实践，制定本解释。

第一条 因生命、身体、健康遭受侵害，赔偿权利人起诉请求赔偿义务人赔偿物质损害和精神损害的，人民法院应予受理。

本条所称“赔偿权利人”，是指因侵权行为或者其他致害原因直接遭受人身损害的受害人以及死亡受害人的近亲属。

本条所称“赔偿义务人”，是指因自己或者他人的侵权行为以及其他致害原因依法应当承担民事责任的自然人、法人或者非法人组织。

第二条 赔偿权利人起诉部分共同侵权人的，人民法院应当追加其他共同侵权人作为共同被告。赔偿权利人在诉讼中放弃对部分共同侵权人的诉讼请求的，其他共同侵权人对被放弃诉讼请求的被告应当承担的赔偿份额不承担连带责任。责任范围难以确定的，推定各共同侵权人承担同等责任。

人民法院应当将放弃诉讼请求的法律后果告知赔偿权利人，并将放弃诉讼请求的情况在法律文书中叙明。

第三条 依法应当参加工伤保险统筹的用人单位的劳动者，因工伤事故遭受人身损害，劳动者或者其近亲属向人民法院起诉请求用人单位承担民事赔偿责任的，告知其按《工伤保险条例》的规定处理。

因用人单位以外的第三人侵权造成劳动者人身损害，赔偿权利人请求第三人承担民事赔偿责任的，人民法院应予支持。

第四条 无偿提供劳务的帮工人，在从事帮工活动中致人损害的，被帮工人应当承担赔偿责任。被帮工人承担赔偿责任后向有故意或者重大过失的帮工人追偿的，人民法院应予支持。被帮工人明确拒绝帮工的，不承担赔偿责任。

第五条 无偿提供劳务的帮工人因帮工活动遭受人身损害的，根据帮工人和被帮工人各自的过错承担相应的责任；被帮工人明确拒绝帮工的，被帮工人不承担赔偿责任，但可以在受益范围内予以适当补偿。

帮工人在帮工活动中因第三人的行为遭受人身损害的，有权请求第三人承担赔偿责任，也有权请求被帮工人予以适当补偿。被帮工人补偿后，可以向第三人追偿。

第六条 医疗费根据医疗机构出具的医药费、住院费等收款凭证，结合病历和诊断证明等相关证据确定。赔偿义务人对治疗的必要性和合理性有异议的，应当承担相应的举证责任。

医疗费的赔偿数额,按照一审法庭辩论终结前实际发生的数额确定。器官功能恢复训练所必要的康复费、适当的整容费以及其他后续治疗费,赔偿权利人可以待实际发生后另行起诉。但根据医疗证明或者鉴定结论确定必然发生的费用,可以与已经发生的医疗费一并予以赔偿。

第七条 误工费根据受害人的误工时间和收入状况确定。

误工时间根据受害人接受治疗的医疗机构出具的证明确定。受害人因伤致残持续误工的,误工时间可以计算至定残日前一天。

受害人有固定收入的,误工费按照实际减少的收入计算。受害人无固定收入的,按照其最近三年的平均收入计算;受害人不能举证证明其最近三年的平均收入状况的,可以参照受诉法院所在地相同或者相近行业上一年度职工的平均工资计算。

第八条 护理费根据护理人员的收入状况和护理人数、护理期限确定。

护理人员有收入的,参照误工费的规定计算;护理人员没有收入或者雇佣护工的,参照当地护工从事同等级别护理的劳务报酬标准计算。护理人员原则上为一人,但医疗机构或者鉴定机构有明确意见的,可以参照确定护理人员人数。

护理期限应计算至受害人恢复生活自理能力时止。受害人因残疾不能恢复生活自理能力的,可以根据其年龄、健康状况等因素确定合理的护理期限,但最长不超过二十年。

受害人定残后的护理,应当根据其护理依赖程度并结合配制残疾辅助器具的情况确定护理级别。

第九条 交通费根据受害人及其必要的陪护人员因就医或者转院治疗实际发生的费用计算。交通费应当以正式票据为凭;有关凭据应当与就医地点、时间、人数、次数相符合。

第十条 住院伙食补助费可以参照当地国家机关一般工作人员的出差伙食补助标准予以确定。

受害人确有必要到外地治疗,因客观原因不能住院,受害人本人及其陪护人员实际发生的住宿费和伙食费,其合理部分应予赔偿。

第十一条 营养费根据受害人伤残情况参照医疗机构的意见确定。

第十二条 残疾赔偿金根据受害人丧失劳动能力程度或者伤残等级,按照受诉法院所在地上一年度城镇居民人均可支配收入或者农村居民人均纯收入标准，自定残之日起按二十年计算。但六十周岁以上的，年龄每增加一岁减少一年；七十五周岁以上的，按五年计算。

受害人因伤致残但实际收入没有减少，或者伤残等级较轻但造成职业妨害严重影响其劳动就业的，可以对残疾赔偿金作相应调整。

第十三条 残疾辅助器具费按照普通适用器具的合理费用标准计算。伤情有特殊需要的，可以参照辅助器具配制机构的意见确定相应的合理费用标准。

辅助器具的更换周期和赔偿期限参照配制机构的意见确定。

第十四条 丧葬费按照受诉法院所在地上一年度职工月平均工资标准，以六个月总额计算。

第十五条 死亡赔偿金按照受诉法院所在地上一年度城镇居民人均可支配收入或者农村居民人均纯收入标准，按二十年计算。但六十周岁以上的，年龄每增加一岁减少一年；七十五周岁以上的，按五年计算。

第十六条 被扶养人生活费计入残疾赔偿金或者死亡赔偿金。

第十七条 被扶养人生活费根据扶养人丧失劳动能力程度，按照受诉法院所在地上一年度城镇居民人均消费性支出和农村居民人均年生活消费支出标准计算。被扶养人为未成年人的，计算至十八周岁；被扶养人无劳动能力又无其他生活来源的，计算二十年。但六十周岁以上的，年龄每增加一岁减少一年；七十五周岁以上的，按五年计算。

被扶养人是指受害人依法应当承担扶养义务的未成年人或者丧失劳动能力又无其他生活来源的成年近亲属。被扶养人还有其他扶养人的，赔偿义务人只赔偿受害人依法应当负担的部分。被扶养人有数人的，年赔偿总额累计不超过上一年度城镇居民人均消费性支出额或者农村居民人均年生活消费支出额。

第十八条 赔偿权利人举证证明其住所地或者经常居住地城镇居民人均可支配收入或者农村居民人均纯收入高于受诉法院所在地标准的，残疾赔偿金或者死亡赔偿金可以按照其住所地或者经常居住地的相关标准计算。

被扶养人生活费的相关计算标准，依照前款原则确定。

第十九条 超过确定的护理期限、辅助器具费给付年限或者残疾赔偿金给付年限，赔偿权利人向人民法院起诉请求继续给付护理费、辅助器具费或者残疾赔偿金的，人民法院应予受理。赔偿权利人确需继续护理、配制辅助器具，或者没有劳动能力和生活来源的,人民法院应当判令赔偿义务人继续给付相关费用五至十年。

第二十条 赔偿义务人请求以定期金方式给付残疾赔偿金、辅助器具费的,应当提供相应的担保。人民法院可以根据赔偿义务人的给付能力和提供担保的情况,确定以定期金方式给付相关费用。但是,一审法庭辩论终结前已经发生的费用、死亡赔偿金以及精神损害抚慰金,应当一次性给付。

第二十一条 人民法院应当在法律文书中明确定期金的给付时间、方式以及每期给付标准。执行期间有关统计数据发生变化的,给付金额应当适时进行相应调整。

定期金按照赔偿权利人的实际生存年限给付,不受本解释有关赔偿期限的限制。

第二十二条 本解释所称"城镇居民人均可支配收入""农村居民人均纯收入""城镇居民人均消费性支出""农村居民人均年生活消费支出""职工平均工资",按照政府统计部门公布的各省、自治区、直辖市以及经济特区和计划单列市上一年度相关统计数据确定。

"上一年度",是指一审法庭辩论终结时的上一统计年度。

第二十三条 精神损害抚慰金适用《最高人民法院关于确定民事侵权精神损害赔偿责任若干问题的解释》予以确定。

第二十四条 本解释自2004年5月1日起施行。2004年5月1日后新受理的一审人身损害赔偿案件,适用本解释的规定。已经作出生效裁判的人身损害赔偿案件依法再审的,不适用本解释的规定。

在本解释公布施行之前已经生效施行的司法解释,其内容与本解释不一致的,以本解释为准。

3. 最高人民法院关于确定民事侵权精神损害赔偿责任若干问题的解释

（2001年2月26日由最高人民法院审判委员会第1161次会议通过　根据2020年12月23日最高人民法院审判委员会第1823次会议通过的《最高人民法院关于修改〈最高人民法院关于在民事审判工作中适用《中华人民共和国工会法》若干问题的解释〉等二十七件民事类司法解释的决定》修正）

为在审理民事侵权案件中正确确定精神损害赔偿责任，根据《中华人民共和国民法典》等有关法律规定，结合审判实践，制定本解释。

第一条　因人身权益或者具有人身意义的特定物受到侵害，自然人或者其近亲属向人民法院提起诉讼请求精神损害赔偿的，人民法院应当依法予以受理。

第二条　非法使被监护人脱离监护，导致亲子关系或者近亲属间的亲属关系遭受严重损害，监护人向人民法院起诉请求赔偿精神损害的，人民法院应当依法予以受理。

第三条　死者的姓名、肖像、名誉、荣誉、隐私、遗体、遗骨等受到侵害，其近亲属向人民法院提起诉讼请求精神损害赔偿的，人民法院应当依法予以支持。

第四条　法人或者非法人组织以名誉权、荣誉权、名称权遭受侵害为由，向人民法院起诉请求精神损害赔偿的，人民法院不予支持。

第五条　精神损害的赔偿数额根据以下因素确定：

（一）侵权人的过错程度，但是法律另有规定的除外；

（二）侵权行为的目的、方式、场合等具体情节；

（三）侵权行为所造成的后果；

（四）侵权人的获利情况；

（五）侵权人承担责任的经济能力；

（六）受理诉讼法院所在地的平均生活水平。

第六条 在本解释公布施行之前已经生效施行的司法解释，其内容有与本解释不一致的，以本解释为准。

4. 最高人民法院关于审理民事案件适用诉讼时效制度若干问题的规定

（2008年8月11日由最高人民法院审判委员会第1450次会议通过 根据2020年12月23日最高人民法院审判委员会第1823次会议通过的《最高人民法院关于修改〈最高人民法院关于在民事审判工作中适用《中华人民共和国工会法》若干问题的解释〉等二十七件民事类司法解释的决定》修正）

为正确适用法律关于诉讼时效制度的规定，保护当事人的合法权益，依照《中华人民共和国民法典》《中华人民共和国民事诉讼法》等法律的规定，结合审判实践，制定本规定。

第一条 当事人可以对债权请求权提出诉讼时效抗辩，但对下列债权请求权提出诉讼时效抗辩的，人民法院不予支持：

（一）支付存款本金及利息请求权；

（二）兑付国债、金融债券以及向不特定对象发行的企业债券本息请求权；

（三）基于投资关系产生的缴付出资请求权；

（四）其他依法不适用诉讼时效规定的债权请求权。

第二条 当事人未提出诉讼时效抗辩，人民法院不应对诉讼时效问题进行释明。

第三条 当事人在一审期间未提出诉讼时效抗辩，在二审期间提出的，人民法院不予支持，但其基于新的证据能够证明对方当事人的请求权已过诉讼时效期间的情形除外。

当事人未按照前款规定提出诉讼时效抗辩，以诉讼时效期间届满为由申请再审或者提出再审抗辩的，人民法院不予支持。

第四条 未约定履行期限的合同，依照民法典第五百一十条、第五百一十一条的规定，可以确定履行期限的，诉讼时效期间从履行期限届满之日起计算；不能确定履行期限的，诉讼时效期间从债权人要求债务人履行义务的宽限期届满之日起计算，但债务人在债权人第一次向其主张权利之时明确表示不履行义务的，诉讼时效期间从债务人明确表示不履行义务之日起计算。

第五条 享有撤销权的当事人一方请求撤销合同的，应适用民法典关于除斥期间的规定。对方当事人对撤销合同请求权提出诉讼时效抗辩的，人民法院不予支持。

合同被撤销，返还财产、赔偿损失请求权的诉讼时效期间从合同被撤销之日起计算。

第六条 返还不当得利请求权的诉讼时效期间，从当事人一方知道或者应当知道不当得利事实及对方当事人之日起计算。

第七条 管理人因无因管理行为产生的给付必要管理费用、赔偿损失请求权的诉讼时效期间，从无因管理行为结束并且管理人知道或者应当知道本人之日起计算。

本人因不当无因管理行为产生的赔偿损失请求权的诉讼时效期间，从其知道或者应当知道管理人及损害事实之日起计算。

第八条 具有下列情形之一的，应当认定为民法典第一百九十五条规定的“权利人向义务人提出履行请求”，产生诉讼时效中断的效力：

（一）当事人一方直接向对方当事人送交主张权利文书，对方当事人在文书上签名、盖章、按指印或者虽未签名、盖章、按指印但能够以其他方式证明该文书到达对方当事人的；

（二）当事人一方以发送信件或者数据电文方式主张权利，信件或者数据电文到达或者应当到达对方当事人的；

（三）当事人一方为金融机构，依照法律规定或者当事人约定从对方当事人账户中扣收欠款本息的；

（四）当事人一方下落不明，对方当事人在国家级或者下落不明的当事人一方住所地的省级有影响的媒体上刊登具有主张权利内容的公告的，但法律和司法解释另有特别规定的，适用其规定。

前款第（一）项情形中，对方当事人为法人或者其他组织的，签收人可以是其法定代表人、主要负责人、负责收发信件的部门或者被授权主体；对方当事人为自然人的，签收人可以是自然人本人、同住的具有完全行为能力的亲属或者被授权主体。

第九条 权利人对同一债权中的部分债权主张权利，诉讼时效中断的效力及于剩余债权，但权利人明确表示放弃剩余债权的情形除外。

第十条 当事人一方向人民法院提交起诉状或者口头起诉的，诉讼时效从提交起诉状或者口头起诉之日起中断。

第十一条 下列事项之一，人民法院应当认定与提起诉讼具有同等诉讼时效中断的效力：

（一）申请支付令；

（二）申请破产、申报破产债权；

（三）为主张权利而申请宣告义务人失踪或死亡；

（四）申请诉前财产保全、诉前临时禁令等诉前措施；

（五）申请强制执行；

（六）申请追加当事人或者被通知参加诉讼；

（七）在诉讼中主张抵销；

（八）其他与提起诉讼具有同等诉讼时效中断效力的事项。

第十二条 权利人向人民调解委员会以及其他依法有权解决相关民事纠纷的国家机关、事业单位、社会团体等社会组织提出保护相应民事权利的请求，诉讼时效从提出请求之日起中断。

第十三条 权利人向公安机关、人民检察院、人民法院报案或者控告，请求保护其民事权利的，诉讼时效从其报案或者控告之日起中断。

上述机关决定不立案、撤销案件、不起诉的，诉讼时效期间从权利人知道或者应当知道不立案、撤销案件或者不起诉之日起重新计算；刑事案件进入审理阶段，诉讼时效期间从刑事裁判文书生效之日起重新计算。

第十四条 义务人作出分期履行、部分履行、提供担保、请求延期履行、制定清偿债务计划等承诺或者行为的，应当认定为民法典第一百九十五条规定的"义务人同意履行义务"。

第十五条 对于连带债权人中的一人发生诉讼时效中断效力的事由，应当认定对其他连带债权人也发生诉讼时效中断的效力。

对于连带债务人中的一人发生诉讼时效中断效力的事由，应当认定对其他连带债务人也发生诉讼时效中断的效力。

第十六条 债权人提起代位权诉讼的，应当认定对债权人的债权和债务人的债权均发生诉讼时效中断的效力。

第十七条 债权转让的，应当认定诉讼时效从债权转让通知到达债务人之日起中断。

债务承担情形下，构成原债务人对债务承认的，应当认定诉讼时效从债务承担意思表示到达债权人之日起中断。

第十八条 主债务诉讼时效期间届满，保证人享有主债务人的诉讼时效抗辩权。

保证人未主张前述诉讼时效抗辩权，承担保证责任后向主债务人行使追偿权的，人民法院不予支持，但主债务人同意给付的情形除外。

第十九条 诉讼时效期间届满，当事人一方向对方当事人作出同意履行义务的意思表示或者自愿履行义务后，又以诉讼时效期间届满为由进行抗辩的，人民法院不予支持。

当事人双方就原债务达成新的协议，债权人主张义务人放弃诉讼时效抗辩权的，人民法院应予支持。

超过诉讼时效期间，贷款人向借款人发出催收到期贷款通知单，债务人在通知单上签字或者盖章，能够认定借款人同意履行诉讼时效期间已经届满的义务的，对于贷款人关于借款人放弃诉讼时效抗辩权的主张，人民法院应予支持。

第二十条 本规定施行后，案件尚在一审或者二审阶段的，适用本规定；本规定施行前已经终审的案件，人民法院进行再审时，不适用本规定。

第二十一条 本规定施行前本院作出的有关司法解释与本规定相抵触的，以本规定为准。

5. 最高人民法院关于审理劳动争议案件适用法律问题的解释(一)

(2020年12月25日最高人民法院审判委员会第1825次会议通过 自2021年1月1日起施行)

为正确审理劳动争议案件,根据《中华人民共和国民法典》《中华人民共和国劳动法》《中华人民共和国劳动合同法》《中华人民共和国劳动争议调解仲裁法》《中华人民共和国民事诉讼法》等相关法律规定,结合审判实践,制定本解释。

第一条 劳动者与用人单位之间发生的下列纠纷,属于劳动争议,当事人不服劳动争议仲裁机构作出的裁决,依法提起诉讼的,人民法院应予受理:

(一)劳动者与用人单位在履行劳动合同过程中发生的纠纷;

(二)劳动者与用人单位之间没有订立书面劳动合同,但已形成劳动关系后发生的纠纷;

(三)劳动者与用人单位因劳动关系是否已经解除或者终止,以及应否支付解除或者终止劳动关系经济补偿金发生的纠纷;

(四)劳动者与用人单位解除或者终止劳动关系后,请求用人单位返还其收取的劳动合同定金、保证金、抵押金、抵押物发生的纠纷,或者办理劳动者的人事档案、社会保险关系等移转手续发生的纠纷;

(五)劳动者以用人单位未为其办理社会保险手续,且社会保险经办机构不能补办导致其无法享受社会保险待遇为由,要求用人单位赔偿损失发生的纠纷;

(六)劳动者退休后,与尚未参加社会保险统筹的原用人单位因追索养老金、医疗费、工伤保险待遇和其他社会保险待遇而发生的纠纷;

(七)劳动者因为工伤、职业病,请求用人单位依法给予工伤保险待遇发生的纠纷；

（八）劳动者依据劳动合同法第八十五条规定，要求用人单位支付加付赔偿金发生的纠纷；

（九）因企业自主进行改制发生的纠纷。

第二条 下列纠纷不属于劳动争议：

（一）劳动者请求社会保险经办机构发放社会保险金的纠纷；

（二）劳动者与用人单位因住房制度改革产生的公有住房转让纠纷；

（三）劳动者对劳动能力鉴定委员会的伤残等级鉴定结论或者对职业病诊断鉴定委员会的职业病诊断鉴定结论的异议纠纷；

（四）家庭或者个人与家政服务人员之间的纠纷；

（五）个体工匠与帮工、学徒之间的纠纷；

（六）农村承包经营户与受雇人之间的纠纷。

第三条 劳动争议案件由用人单位所在地或者劳动合同履行地的基层人民法院管辖。

劳动合同履行地不明确的，由用人单位所在地的基层人民法院管辖。

法律另有规定的，依照其规定。

第四条 劳动者与用人单位均不服劳动争议仲裁机构的同一裁决，向同一人民法院起诉的，人民法院应当并案审理，双方当事人互为原告和被告，对双方的诉讼请求，人民法院应当一并作出裁决。在诉讼过程中，一方当事人撤诉的，人民法院应当根据另一方当事人的诉讼请求继续审理。双方当事人就同一仲裁裁决分别向有管辖权的人民法院起诉的，后受理的人民法院应当将案件移送给先受理的人民法院。

第五条 劳动争议仲裁机构以无管辖权为由对劳动争议案件不予受理，当事人提起诉讼的，人民法院按照以下情形分别处理：

（一）经审查认为该劳动争议仲裁机构对案件确无管辖权的，应当告知当事人向有管辖权的劳动争议仲裁机构申请仲裁；

（二）经审查认为该劳动争议仲裁机构有管辖权的，应当告知当事人申请仲裁，并将审查意见书面通知该劳动争议仲裁机构；劳动争议仲裁机构仍不受理，当事人就该劳动争议事项提起诉讼的，人民法院应予受理。

第六条 劳动争议仲裁机构以当事人申请仲裁的事项不属于劳动争议为由，

作出不予受理的书面裁决、决定或者通知，当事人不服依法提起诉讼的，人民法院应当分别情况予以处理：

（一）属于劳动争议案件的，应当受理；

（二）虽不属于劳动争议案件，但属于人民法院主管的其他案件，应当依法受理。

第七条 劳动争议仲裁机构以申请仲裁的主体不适格为由，作出不予受理的书面裁决、决定或者通知，当事人不服依法提起诉讼，经审查确属主体不适格的，人民法院不予受理；已经受理的，裁定驳回起诉。

第八条 劳动争议仲裁机构为纠正原仲裁裁决错误重新作出裁决，当事人不服依法提起诉讼的，人民法院应当受理。

第九条 劳动争议仲裁机构仲裁的事项不属于人民法院受理的案件范围，当事人不服依法提起诉讼的，人民法院不予受理；已经受理的，裁定驳回起诉。

第十条 当事人不服劳动争议仲裁机构作出的预先支付劳动者劳动报酬、工伤医疗费、经济补偿或者赔偿金的裁决，依法提起诉讼的，人民法院不予受理。

用人单位不履行上述裁决中的给付义务，劳动者依法申请强制执行的，人民法院应予受理。

第十一条 劳动争议仲裁机构作出的调解书已经发生法律效力，一方当事人反悔提起诉讼的，人民法院不予受理；已经受理的，裁定驳回起诉。

第十二条 劳动争议仲裁机构逾期未作出受理决定或仲裁裁决，当事人直接提起诉讼的，人民法院应予受理，但申请仲裁的案件存在下列事由的除外：

（一）移送管辖的；

（二）正在送达或者送达延误的；

（三）等待另案诉讼结果、评残结论的；

（四）正在等待劳动争议仲裁机构开庭的；

（五）启动鉴定程序或者委托其他部门调查取证的；

（六）其他正当事由。

当事人以劳动争议仲裁机构逾期未作出仲裁裁决为由提起诉讼的，应当提交该仲裁机构出具的受理通知书或者其他已接受仲裁申请的凭证、证明。

第十三条 劳动者依据劳动合同法第三十条第二款和调解仲裁法第十六条规定向人民法院申请支付令，符合民事诉讼法第十七章督促程序规定的，人民法院应予受理。

依据劳动合同法第三十条第二款规定申请支付令被人民法院裁定终结督促程序后，劳动者就劳动争议事项直接提起诉讼的，人民法院应当告知其先向劳动争议仲裁机构申请仲裁。

依据调解仲裁法第十六条规定申请支付令被人民法院裁定终结督促程序后，劳动者依据调解协议直接提起诉讼的，人民法院应予受理。

第十四条 人民法院受理劳动争议案件后，当事人增加诉讼请求的，如该诉讼请求与讼争的劳动争议具有不可分性，应当合并审理；如属独立的劳动争议，应当告知当事人向劳动争议仲裁机构申请仲裁。

第十五条 劳动者以用人单位的工资欠条为证据直接提起诉讼，诉讼请求不涉及劳动关系其他争议的，视为拖欠劳动报酬争议，人民法院按照普通民事纠纷受理。

第十六条 劳动争议仲裁机构作出仲裁裁决后，当事人对裁决中的部分事项不服，依法提起诉讼的，劳动争议仲裁裁决不发生法律效力。

第十七条 劳动争议仲裁机构对多个劳动者的劳动争议作出仲裁裁决后，部分劳动者对仲裁裁决不服，依法提起诉讼的，仲裁裁决对提起诉讼的劳动者不发生法律效力；对未提起诉讼的部分劳动者，发生法律效力，如其申请执行的，人民法院应当受理。

第十八条 仲裁裁决的类型以仲裁裁决书确定为准。仲裁裁决书未载明该裁决为终局裁决或者非终局裁决，用人单位不服该仲裁裁决向基层人民法院提起诉讼的，应当按照以下情形分别处理：

（一）经审查认为该仲裁裁决为非终局裁决的，基层人民法院应予受理；

（二）经审查认为该仲裁裁决为终局裁决的，基层人民法院不予受理，但应告知用人单位可以自收到不予受理裁定书之日起三十日内向劳动争议仲裁机构所在地的中级人民法院申请撤销该仲裁裁决；已经受理的，裁定驳回起诉。

第十九条 仲裁裁决书未载明该裁决为终局裁决或者非终局裁决，劳动者依据调解仲裁法第四十七条第一项规定，追索劳动报酬、工伤医疗费、经济补偿或者赔偿金，如果仲裁裁决涉及数项，每项确定的数额均不超过当地月最低工资标准十二个月金额的，应当按照终局裁决处理。

第二十条 劳动争议仲裁机构作出的同一仲裁裁决同时包含终局裁决事项

和非终局裁决事项，当事人不服该仲裁裁决向人民法院提起诉讼的，应当按照非终局裁决处理。

第二十一条 劳动者依据调解仲裁法第四十八条规定向基层人民法院提起诉讼，用人单位依据调解仲裁法第四十九条规定向劳动争议仲裁机构所在地的中级人民法院申请撤销仲裁裁决的，中级人民法院应当不予受理；已经受理的，应当裁定驳回申请。

被人民法院驳回起诉或者劳动者撤诉的，用人单位可以自收到裁定书之日起三十日内，向劳动争议仲裁机构所在地的中级人民法院申请撤销仲裁裁决。

第二十二条 用人单位依据调解仲裁法第四十九条规定向中级人民法院申请撤销仲裁裁决，中级人民法院作出的驳回申请或者撤销仲裁裁决的裁定为终审裁定。

第二十三条 中级人民法院审理用人单位申请撤销终局裁决的案件，应当组成合议庭开庭审理。经过阅卷、调查和询问当事人，对没有新的事实、证据或者理由，合议庭认为不需要开庭审理的，可以不开庭审理。

中级人民法院可以组织双方当事人调解。达成调解协议的，可以制作调解书。一方当事人逾期不履行调解协议的，另一方可以申请人民法院强制执行。

第二十四条 当事人申请人民法院执行劳动争议仲裁机构作出的发生法律效力的裁决书、调解书，被申请人提出证据证明劳动争议仲裁裁决书、调解书有下列情形之一，并经审查核实的，人民法院可以根据民事诉讼法第二百三十七条规定，裁定不予执行：

（一）裁决的事项不属于劳动争议仲裁范围，或者劳动争议仲裁机构无权仲裁的；

（二）适用法律、法规确有错误的；

（三）违反法定程序的；

（四）裁决所根据的证据是伪造的；

（五）对方当事人隐瞒了足以影响公正裁决的证据的；

（六）仲裁员在仲裁该案时有索贿受贿、徇私舞弊、枉法裁决行为的；

（七）人民法院认定执行该劳动争议仲裁裁决违背社会公共利益的。

人民法院在不予执行的裁定书中，应当告知当事人在收到裁定书之次日起三十日内，可以就该劳动争议事项向人民法院提起诉讼。

第二十五条 劳动争议仲裁机构作出终局裁决，劳动者向人民法院申请执行，用人单位向劳动争议仲裁机构所在地的中级人民法院申请撤销的，人民法院应当裁定中止执行。

用人单位撤回撤销终局裁决申请或者其申请被驳回的，人民法院应当裁定恢复执行。仲裁裁决被撤销的，人民法院应当裁定终结执行。

用人单位向人民法院申请撤销仲裁裁决被驳回后，又在执行程序中以相同理由提出不予执行抗辩的，人民法院不予支持。

第二十六条 用人单位与其它单位合并的，合并前发生的劳动争议，由合并后的单位为当事人；用人单位分立为若干单位的，其分立前发生的劳动争议，由分立后的实际用人单位为当事人。

用人单位分立为若干单位后，具体承受劳动权利义务的单位不明确的，分立后的单位均为当事人。

第二十七条 用人单位招用尚未解除劳动合同的劳动者，原用人单位与劳动者发生的劳动争议，可以列新的用人单位为第三人。

原用人单位以新的用人单位侵权为由提起诉讼的，可以列劳动者为第三人。

原用人单位以新的用人单位和劳动者共同侵权为由提起诉讼的，新的用人单位和劳动者列为共同被告。

第二十八条 劳动者在用人单位与其他平等主体之间的承包经营期间，与发包方和承包方双方或者一方发生劳动争议，依法提起诉讼的，应当将承包方和发包方作为当事人。

第二十九条 劳动者与未办理营业执照、营业执照被吊销或者营业期限届满仍继续经营的用人单位发生争议的，应当将用人单位或者其出资人列为当事人。

第三十条 未办理营业执照、营业执照被吊销或者营业期限届满仍继续经营的用人单位，以挂靠等方式借用他人营业执照经营的，应当将用人单位和营业执照出借方列为当事人。

第三十一条 当事人不服劳动争议仲裁机构作出的仲裁裁决，依法提起诉讼，人民法院审查认为仲裁裁决遗漏了必须共同参加仲裁的当事人的，应当依法追加遗漏的人为诉讼当事人。

被追加的当事人应当承担责任的，人民法院应当一并处理。

第三十二条 用人单位与其招用的已经依法享受养老保险待遇或者领取退

休金的人员发生用工争议而提起诉讼的，人民法院应当按劳务关系处理。

企业停薪留职人员、未达到法定退休年龄的内退人员、下岗待岗人员以及企业经营性停产放长假人员，因与新的用人单位发生用工争议而提起诉讼的，人民法院应当按劳动关系处理。

第三十三条 外国人、无国籍人未依法取得就业证件即与中华人民共和国境内的用人单位签订劳动合同，当事人请求确认与用人单位存在劳动关系的，人民法院不予支持。

持有《外国专家证》并取得《外国人来华工作许可证》的外国人，与中华人民共和国境内的用人单位建立用工关系的，可以认定为劳动关系。

第三十四条 劳动合同期满后，劳动者仍在原用人单位工作，原用人单位未表示异议的，视为双方同意以原条件继续履行劳动合同。一方提出终止劳动关系的，人民法院应予支持。

根据劳动合同法第十四条规定，用人单位应当与劳动者签订无固定期限劳动合同而未签订的，人民法院可以视为双方之间存在无固定期限劳动合同关系，并以原劳动合同确定双方的权利义务关系。

第三十五条 劳动者与用人单位就解除或者终止劳动合同办理相关手续、支付工资报酬、加班费、经济补偿或者赔偿金等达成的协议，不违反法律、行政法规的强制性规定，且不存在欺诈、胁迫或者乘人之危情形的，应当认定有效。

前款协议存在重大误解或者显失公平情形，当事人请求撤销的，人民法院应予支持。

第三十六条 当事人在劳动合同或者保密协议中约定了竞业限制，但未约定解除或者终止劳动合同后给予劳动者经济补偿，劳动者履行了竞业限制义务，要求用人单位按照劳动者在劳动合同解除或者终止前十二个月平均工资的30%按月支付经济补偿的，人民法院应予支持。

前款规定的月平均工资的30%低于劳动合同履行地最低工资标准的，按照劳动合同履行地最低工资标准支付。

第三十七条 当事人在劳动合同或者保密协议中约定了竞业限制和经济补偿，当事人解除劳动合同时，除另有约定外，用人单位要求劳动者履行竞业限制义务，或者劳动者履行了竞业限制义务后要求用人单位支付经济补偿的，人民法院应予支持。

第三十八条　当事人在劳动合同或者保密协议中约定了竞业限制和经济补偿，劳动合同解除或者终止后，因用人单位的原因导致三个月未支付经济补偿，劳动者请求解除竞业限制约定的，人民法院应予支持。

第三十九条　在竞业限制期限内，用人单位请求解除竞业限制协议的，人民法院应予支持。

在解除竞业限制协议时，劳动者请求用人单位额外支付劳动者三个月的竞业限制经济补偿的，人民法院应予支持。

第四十条　劳动者违反竞业限制约定，向用人单位支付违约金后，用人单位要求劳动者按照约定继续履行竞业限制义务的，人民法院应予支持。

第四十一条　劳动合同被确认为无效，劳动者已付出劳动的，用人单位应当按照劳动合同法第二十八条、第四十六条、第四十七条的规定向劳动者支付劳动报酬和经济补偿。

由于用人单位原因订立无效劳动合同，给劳动者造成损害的，用人单位应当赔偿劳动者因合同无效所造成的经济损失。

第四十二条　劳动者主张加班费的，应当就加班事实的存在承担举证责任。但劳动者有证据证明用人单位掌握加班事实存在的证据，用人单位不提供的，由用人单位承担不利后果。

第四十三条　用人单位与劳动者协商一致变更劳动合同，虽未采用书面形式，但已经实际履行了口头变更的劳动合同超过一个月，变更后的劳动合同内容不违反法律、行政法规且不违背公序良俗，当事人以未采用书面形式为由主张劳动合同变更无效的，人民法院不予支持。

第四十四条　因用人单位作出的开除、除名、辞退、解除劳动合同、减少劳动报酬、计算劳动者工作年限等决定而发生的劳动争议，用人单位负举证责任。

第四十五条　用人单位有下列情形之一，迫使劳动者提出解除劳动合同的，用人单位应当支付劳动者的劳动报酬和经济补偿，并可支付赔偿金：

（一）以暴力、威胁或者非法限制人身自由的手段强迫劳动的；

（二）未按照劳动合同约定支付劳动报酬或者提供劳动条件的；

（三）克扣或者无故拖欠劳动者工资的；

（四）拒不支付劳动者延长工作时间工资报酬的；

（五）低于当地最低工资标准支付劳动者工资的。

第四十六条 劳动者非因本人原因从原用人单位被安排到新用人单位工作，原用人单位未支付经济补偿，劳动者依据劳动合同法第三十八条规定与新用人单位解除劳动合同，或者新用人单位向劳动者提出解除、终止劳动合同，在计算支付经济补偿或赔偿金的工作年限时，劳动者请求把在原用人单位的工作年限合并计算为新用人单位工作年限的，人民法院应予支持。

用人单位符合下列情形之一的，应当认定属于“劳动者非因本人原因从原用人单位被安排到新用人单位工作”：

（一）劳动者仍在原工作场所、工作岗位工作，劳动合同主体由原用人单位变更为新用人单位；

（二）用人单位以组织委派或任命形式对劳动者进行工作调动；

（三）因用人单位合并、分立等原因导致劳动者工作调动；

（四）用人单位及其关联企业与劳动者轮流订立劳动合同；

（五）其他合理情形。

第四十七条 建立了工会组织的用人单位解除劳动合同符合劳动合同法第三十九条、第四十条规定，但未按照劳动合同法第四十三条规定事先通知工会，劳动者以用人单位违法解除劳动合同为由请求用人单位支付赔偿金的，人民法院应予支持，但起诉前用人单位已经补正有关程序的除外。

第四十八条 劳动合同法施行后，因用人单位经营期限届满不再继续经营导致劳动合同不能继续履行，劳动者请求用人单位支付经济补偿的，人民法院应予支持。

第四十九条 在诉讼过程中，劳动者向人民法院申请采取财产保全措施，人民法院经审查认为申请人经济确有困难，或者有证据证明用人单位存在欠薪逃匿可能的，应当减轻或者免除劳动者提供担保的义务，及时采取保全措施。

人民法院作出的财产保全裁定中，应当告知当事人在劳动争议仲裁机构的裁决书或者在人民法院的裁判文书生效后三个月内申请强制执行。逾期不申请的，人民法院应当裁定解除保全措施。

第五十条 用人单位根据劳动合同法第四条规定，通过民主程序制定的规章制度，不违反国家法律、行政法规及政策规定，并已向劳动者公示的，可以作为确定双方权利义务的依据。

用人单位制定的内部规章制度与集体合同或者劳动合同约定的内容不一致，

劳动者请求优先适用合同约定的，人民法院应予支持。

第五十一条 当事人在调解仲裁法第十条规定的调解组织主持下达成的具有劳动权利义务内容的调解协议，具有劳动合同的约束力，可以作为人民法院裁判的根据。

当事人在调解仲裁法第十条规定的调解组织主持下仅就劳动报酬争议达成调解协议，用人单位不履行调解协议确定的给付义务，劳动者直接提起诉讼的，人民法院可以按照普通民事纠纷受理。

第五十二条 当事人在人民调解委员会主持下仅就给付义务达成的调解协议，双方认为有必要的，可以共同向人民调解委员会所在地的基层人民法院申请司法确认。

第五十三条 用人单位对劳动者作出的开除、除名、辞退等处理，或者因其他原因解除劳动合同确有错误的，人民法院可以依法判决予以撤销。

对于追索劳动报酬、养老金、医疗费以及工伤保险待遇、经济补偿金、培训费及其他相关费用等案件，给付数额不当的，人民法院可以予以变更。

第五十四条 本解释自2021年1月1日起施行。

6. 最高人民法院关于适用《中华人民共和国涉外民事关系法律适用法》若干问题的解释(一)

(2012年12月10日最高人民法院审判委员会第1563次会议通过　根根据2020年12月23日最高人民法院审判委员会第1823次会议通过的《最高人民法院关于修改〈最高人民法院关于破产企业国有划拨土地使用权应否列入破产财产等问题的批复〉等二十九件商事类司法解释的决定》修正)

为正确审理涉外民事案件，根据《中华人民共和国涉外民事关系法律适用法》

的规定,对人民法院适用该法的有关问题解释如下:

第一条 民事关系具有下列情形之一的,人民法院可以认定为涉外民事关系:

(一)当事人一方或双方是外国公民、外国法人或者其他组织、无国籍人;

(二)当事人一方或双方的经常居所地在中华人民共和国领域外;

(三)标的物在中华人民共和国领域外;

(四)产生、变更或者消灭民事关系的法律事实发生在中华人民共和国领域外;

(五)可以认定为涉外民事关系的其他情形。

第二条 涉外民事关系法律适用法实施以前发生的涉外民事关系,人民法院应当根据该涉外民事关系发生时的有关法律规定确定应当适用的法律;当时法律没有规定的,可以参照涉外民事关系法律适用法的规定确定。

第三条 涉外民事关系法律适用法与其他法律对同一涉外民事关系法律适用规定不一致的,适用涉外民事关系法律适用法的规定,但《中华人民共和国票据法》《中华人民共和国海商法》《中华人民共和国民用航空法》等商事领域法律的特别规定以及知识产权领域法律的特别规定除外。

涉外民事关系法律适用法对涉外民事关系的法律适用没有规定而其他法律有规定的,适用其他法律的规定。

第四条 中华人民共和国法律没有明确规定当事人可以选择涉外民事关系适用的法律,当事人选择适用法律的,人民法院应认定该选择无效。

第五条 一方当事人以双方协议选择的法律与系争的涉外民事关系没有实际联系为由主张选择无效的,人民法院不予支持。

第六条 当事人在一审法庭辩论终结前协议选择或者变更选择适用的法律的,人民法院应予准许。

各方当事人援引相同国家的法律且未提出法律适用异议的,人民法院可以认定当事人已经就涉外民事关系适用的法律做出了选择。

第七条 当事人在合同中援引尚未对中华人民共和国生效的国际条约的,人民法院可以根据该国际条约的内容确定当事人之间的权利义务,但违反中华人民共和国社会公共利益或中华人民共和国法律、行政法规强制性规定的除外。

第八条 有下列情形之一,涉及中华人民共和国社会公共利益、当事人不能通过约定排除适用、无需通过冲突规范指引而直接适用于涉外民事关系的法律、行政法规的规定，人民法院应当认定为涉外民事关系法律适用法第四条规定的强制性规定：

（一）涉及劳动者权益保护的；

（二）涉及食品或公共卫生安全的；

（三）涉及环境安全的；

（四）涉及外汇管制等金融安全的；

（五）涉及反垄断、反倾销的；

（六）应当认定为强制性规定的其他情形。

第九条 一方当事人故意制造涉外民事关系的连结点，规避中华人民共和国法律、行政法规的强制性规定的，人民法院应认定为不发生适用外国法律的效力。

第十条 涉外民事争议的解决须以另一涉外民事关系的确认为前提时，人民法院应当根据该先决问题自身的性质确定其应当适用的法律。

第十一条 案件涉及两个或者两个以上的涉外民事关系时，人民法院应当分别确定应当适用的法律。

第十二条 当事人没有选择涉外仲裁协议适用的法律，也没有约定仲裁机构或者仲裁地，或者约定不明的，人民法院可以适用中华人民共和国法律认定该仲裁协议的效力。

第十三条 自然人在涉外民事关系产生或者变更、终止时已经连续居住一年以上且作为其生活中心的地方，人民法院可以认定为涉外民事关系法律适用法规定的自然人的经常居所地，但就医、劳务派遣、公务等情形除外。

第十四条 人民法院应当将法人的设立登记地认定为涉外民事关系法律适用法规定的法人的登记地。

第十五条 人民法院通过由当事人提供、已对中华人民共和国生效的国际条约规定的途径、中外法律专家提供等合理途径仍不能获得外国法律的，可以认定为不能查明外国法律。

根据涉外民事关系法律适用法第十条第一款的规定，当事人应当提供外国法律，其在人民法院指定的合理期限内无正当理由未提供该外国法律的，可以认定为不能查明外国法律。

第十六条 人民法院应当听取各方当事人对应当适用的外国法律的内容及

其理解与适用的意见,当事人对该外国法律的内容及其理解与适用均无异议的,人民法院可以予以确认;当事人有异议的,由人民法院审查认定。

第十七条 涉及香港特别行政区、澳门特别行政区的民事关系的法律适用问题,参照适用本规定。

第十八条 涉外民事关系法律适用法施行后发生的涉外民事纠纷案件,本解释施行后尚未终审的,适用本解释;本解释施行前已经终审,当事人申请再审或者按照审判监督程序决定再审的,不适用本解释。

第十九条 本院以前发布的司法解释与本解释不一致的,以本解释为准。

7. 最高人民法院
关于适用《中华人民共和国民法典》
时间效力的若干规定

(2020年12月14日最高人民法院审判委员会第1821次会议通过 自2021年1月1日起施行)

根据《中华人民共和国立法法》《中华人民共和国民法典》等法律规定,就人民法院在审理民事纠纷案件中有关适用民法典时间效力问题作出如下规定。

一、一般规定

第一条 民法典施行后的法律事实引起的民事纠纷案件,适用民法典的规定。

民法典施行前的法律事实引起的民事纠纷案件,适用当时的法律、司法解释的规定,但是法律、司法解释另有规定的除外。

民法典施行前的法律事实持续至民法典施行后,该法律事实引起的民事纠纷案件,适用民法典的规定,但是法律、司法解释另有规定的除外。

第二条 民法典施行前的法律事实引起的民事纠纷案件,当时的法律、司法解释有规定，适用当时的法律、司法解释的规定，但是适用民法典的规定更有利于保护民事主体合法权益，更有利于维护社会和经济秩序，更有利于弘扬社会主义核心价值观的除外。

第三条 民法典施行前的法律事实引起的民事纠纷案件，当时的法律、司法解释没有规定而民法典有规定的，可以适用民法典的规定，但是明显减损当事人合法权益、增加当事人法定义务或者背离当事人合理预期的除外。

第四条 民法典施行前的法律事实引起的民事纠纷案件，当时的法律、司法解释仅有原则性规定而民法典有具体规定的，适用当时的法律、司法解释的规定，但是可以依据民法典具体规定进行裁判说理。

第五条 民法典施行前已经终审的案件，当事人申请再审或者按照审判监督程序决定再审的，不适用民法典的规定。

二、溯及适用的具体规定

第六条 《中华人民共和国民法总则》施行前，侵害英雄烈士等的姓名、肖像、名誉、荣誉，损害社会公共利益引起的民事纠纷案件，适用民法典第一百八十五条的规定。

第七条 民法典施行前，当事人在债务履行期限届满前约定债务人不履行到期债务时抵押财产或者质押财产归债权人所有的，适用民法典第四百零一条和第四百二十八条的规定。

第八条 民法典施行前成立的合同，适用当时的法律、司法解释的规定合同无效而适用民法典的规定合同有效的，适用民法典的相关规定。

第九条 民法典施行前订立的合同，提供格式条款一方未履行提示或者说明义务，涉及格式条款效力认定的，适用民法典第四百九十六条的规定。

第十条 民法典施行前，当事人一方未通知对方而直接以提起诉讼方式依法主张解除合同的，适用民法典第五百六十五条第二款的规定。

第十一条 民法典施行前成立的合同，当事人一方不履行非金钱债务或者履行非金钱债务不符合约定，对方可以请求履行，但是有民法典第五百八十条第一款第一项、第二项、第三项除外情形之一，致使不能实现合同目的，当事人请求终止合同权利义务关系的，适用民法典第五百八十条第二款的规定。

第十二条 民法典施行前订立的保理合同发生争议的，适用民法典第三编第十六章的规定。

第十三条 民法典施行前，继承人有民法典第一千一百二十五条第一款第四项和第五项规定行为之一，对该继承人是否丧失继承权发生争议的，适用民法典第一千一百二十五条第一款和第二款的规定。

民法典施行前，受遗赠人有民法典第一千一百二十五条第一款规定行为之一，对受遗赠人是否丧失受遗赠权发生争议的，适用民法典第一千一百二十五条第一款和第三款的规定。

第十四条 被继承人在民法典施行前死亡，遗产无人继承又无人受遗赠，其兄弟姐妹的子女请求代位继承的，适用民法典第一千一百二十八条第二款和第三款的规定，但是遗产已经在民法典施行前处理完毕的除外。

第十五条 民法典施行前，遗嘱人以打印方式立的遗嘱，当事人对该遗嘱效力发生争议的，适用民法典第一千一百三十六条的规定，但是遗产已经在民法典施行前处理完毕的除外。

第十六条 民法典施行前，受害人自愿参加具有一定风险的文体活动受到损害引起的民事纠纷案件，适用民法典第一千一百七十六条的规定。

第十七条 民法典施行前，受害人为保护自己合法权益采取扣留侵权人的财物等措施引起的民事纠纷案件，适用民法典第一千一百七十七条的规定。

第十八条 民法典施行前，因非营运机动车发生交通事故造成无偿搭乘人损害引起的民事纠纷案件，适用民法典第一千二百一十七条的规定。

第十九条 民法典施行前，从建筑物中抛掷物品或者从建筑物上坠落的物品造成他人损害引起的民事纠纷案件，适用民法典第一千二百五十四条的规定。

三、衔接适用的具体规定

第二十条 民法典施行前成立的合同，依照法律规定或者当事人约定该合同的履行持续至民法典施行后，因民法典施行前履行合同发生争议的，适用当时的法律、司法解释的规定；因民法典施行后履行合同发生争议的，适用民法典第三编第四章和第五章的相关规定。

第二十一条 民法典施行前租赁期限届满，当事人主张适用民法典第七百三十四条第二款规定的，人民法院不予支持；租赁期限在民法典施行后届满，当事人主张适用民法典第七百三十四条第二款规定的，人民法院依法予以支持。

第二十二条 民法典施行前，经人民法院判决不准离婚后，双方又分居满一年，一方再次提起离婚诉讼的，适用民法典第一千零七十九条第五款的规定。

第二十三条 被继承人在民法典施行前立有公证遗嘱，民法典施行后又立有新遗嘱，其死亡后，因该数份遗嘱内容相抵触发生争议的，适用民法典第一千一百四十二条第三款的规定。

第二十四条 侵权行为发生在民法典施行前，但是损害后果出现在民法典施行后的民事纠纷案件，适用民法典的规定。

第二十五条 民法典施行前成立的合同，当时的法律、司法解释没有规定且当事人没有约定解除权行使期限，对方当事人也未催告的，解除权人在民法典施行前知道或者应当知道解除事由，自民法典施行之日起一年内不行使的，人民法院应当依法认定该解除权消灭；解除权人在民法典施行后知道或者应当知道解除事由的，适用民法典第五百六十四条第二款关于解除权行使期限的规定。

第二十六条 当事人以民法典施行前受胁迫结婚为由请求人民法院撤销婚姻的，撤销权的行使期限适用民法典第一千零五十二条第二款的规定。

第二十七条 民法典施行前成立的保证合同，当事人对保证期间约定不明确，主债务履行期限届满至民法典施行之日不满二年，当事人主张保证期间为主债务履行期限届满之日起二年的，人民法院依法予以支持；当事人对保证期间没有约定，主债务履行期限届满至民法典施行之日不满六个月，当事人主张保证期间为主债务履行期限届满之日起六个月的，人民法院依法予以支持。

四、附　则

第二十八条 本规定自2021年1月1日起施行。

本规定施行后，人民法院尚未审结的一审、二审案件适用本规定。

实用工具

1. 涉外民事关系法律适用

法律适用：指适用何国法律来解决涉外民商事法律关系。

1. 民事主体

自然人权利能力(宣告失踪、宣告死亡)、行为能力、人格权等。

自然人	经常居所地法	经常居所地法；依经常居所地为无民事行为能力，依照行为地法有民事行为能力的，适用行为地法(婚姻家庭、继承除外)
法人	登记地法	主营业地与登记地不一致的，可以适用主营业地(经常居所地)法

2. 时效：依基础法律关系的准据法确定。

代理：意思自治优先；代理适用代理行为地法，但被代理人与代理人的民事关系适用代理关系发生地法。

信托：意思自治优先；信托财产所在地或者信托关系发生地法。

3. 物权

<table>
<tr><td>原则</td><td colspan="2">不动产：物之所在地；动产：意思自治优先→法律事实发生时物之所在地法</td></tr>
<tr><td rowspan="5">例外</td><td>船舶：旗国法</td><td>例外：优先权：法院地法
光船租赁以前或期间设立抵押权的：原注册登记法</td></tr>
<tr><td>航空器：注册登记地法</td><td>例外：优先权：法院地法</td></tr>
<tr><td colspan="2">运输中动产：意思自治优先→运输目的地法</td></tr>
<tr><td colspan="2">有价证券：权利实现地法或最密切联系地法</td></tr>
<tr><td colspan="2">权利质权：质权设立地法</td></tr>
</table>

4. 合同

<table>
<tr><td>原则</td><td>意思自治原则</td><td>最密切联系原则
确定方法:特征性履行原则:适用履行义务最能体现该合同特征的一方当事人经常居所地法律或者其他与该合同有最密切联系的法律(17 种规定)</td></tr>
<tr><td rowspan="3">例外</td><td>消费者合同:消费者选择商品、服务提供地法</td><td>经营者在消费者经常居所地有经营活动:消费者经常居所地法
无经营活动:商品、服务提供地法</td></tr>
<tr><td>劳动合同:禁止意思自治→劳动工作地法</td><td>工作地难以确定:用人单位主营业地法
劳务派遣:可以适用劳务派出地法</td></tr>
<tr><td colspan="2">三资合同及其变种:中国法</td></tr>
<tr><td colspan="3">国际条约优先原则,保留的除外;法律、条约都没有规定的依国际惯例</td></tr>
</table>

5. 侵权

(1)侵权行为的损害赔偿,适用侵权行为地法律。

(2)当事人双方国籍相同或者在同一国家有住所的,也可以适用当事人本国法律或者住所地法律。

(3)中华人民共和国法律不认为在中华人民共和国领域外发生的行为是侵权行为的,不作为侵权行为处理。

(4)侵权行为地包括侵权行为实施地和侵权结果发生地。

<table>
<tr><td>原则</td><td colspan="2">(按顺序适用)意思自治→共同经常居所地法→侵权行为地法</td></tr>
<tr><td rowspan="3">例外</td><td colspan="2">船舶和民用航空器:同一国籍:船旗国法
不同国籍:内水领海:侵权行为地法
公海:法院地法
海事赔偿责任限制:法院地法</td></tr>
<tr><td>产品责任:被侵权人选择侵权人主营业地法或损害发生地法</td><td>在被侵权人经常居所地有经营:被侵权人经常居所地法
没有经营:侵权人主营业地法或损害发生地法</td></tr>
<tr><td>网络侵害人格权</td><td>被侵权人经常居所地法</td></tr>
</table>

6. 不当得利、无因管理：协议选择→共同经常居所地法→发生地法

7. 商事关系

国际货物买卖合同，是指营业所所在地分处不同国家的当事人之间为进行进出口货物交易而订立的协议。

8. 家庭关系

<table>
<tr><td rowspan="4">婚姻关系</td><td rowspan="2">结婚</td><td>程序：符合婚姻缔结地法、一方当事人经常居所地法或国籍国法的，均有效</td></tr>
<tr><td>实质要件（按顺序适用）：共同经常居所地法→共同国籍国法→在一方经常居所地或国籍国结婚的，婚姻缔结地法</td></tr>
<tr><td rowspan="2">离婚</td><td>协议离婚（按顺序适用）：意思自治（只能选择一方经常居所地法或国籍国法）→共同经常居所地法→共同国籍国法→办理离婚手续机构所在地法</td></tr>
<tr><td>诉讼离婚：法院地法</td></tr>
</table>

<table>
<tr><td rowspan="2">夫妻关系</td><td>人身关系</td><td>（按顺序适用）共同经常居所地法→共同国籍国法</td></tr>
<tr><td>财产关系
（类似协议离婚）</td><td>（按顺序适用）意思自治（只能选择一方经常居所地法、国籍国法或主要财产所在地法）→共同经常居所地法→共同国籍国法</td></tr>
<tr><td>父母子女关系</td><td colspan="2">（按顺序适用）共同经常居所地法→一方经常居所地法或国籍国法中有利于保护弱者权益的法律</td></tr>
</table>

<table>
<tr><td>扶养</td><td colspan="2">一方当事人经常居所地法、国籍国法或主要财产所在地法中有利于保护被扶养人权益的法</td></tr>
<tr><td rowspan="3">收养</td><td>条件和手续</td><td>收养人和被收养人经常居所地法</td></tr>
<tr><td>效力</td><td>收养时收养人经常居所地法</td></tr>
<tr><td>解除</td><td>收养时被收养人经常居所地法或法院地法</td></tr>
<tr><td>监护</td><td colspan="2">一方当事人经常居所地法或国籍国法中有利于保护被监护人的法律</td></tr>
</table>

9. 继承

法定继承	不动产：不动产所在地；动产：被继承人死亡时经常居所地法
遗嘱	方式：遗嘱人立遗嘱时或死亡时经常居所地法、国籍国法或遗嘱行为地法均可
	效力：遗嘱人立遗嘱时或死亡时经常居所地法或国籍国法
遗产管理	遗产所在地法
绝产继承	被继承人死亡时遗产所在地法

2.民事案件立案流程

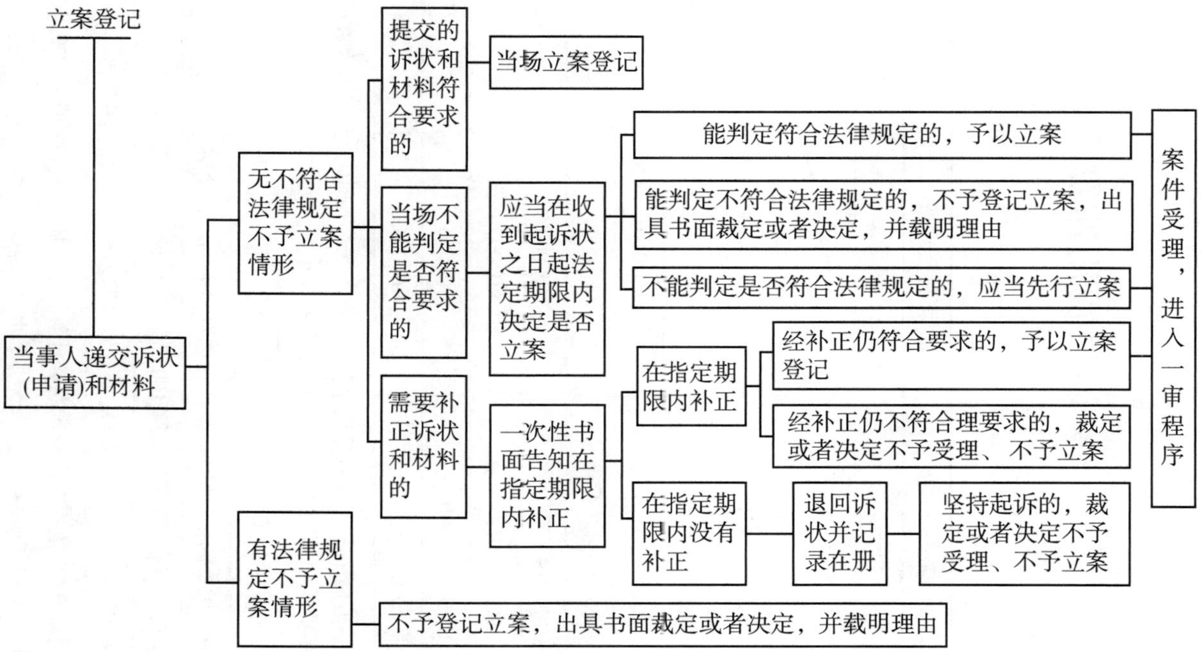
立案登记
当事人递交诉状(申请)和材料
无不符合法律规定不予立案情形
提交的诉状和材料符合要求的
当场立案登记
当场不能判定是否符合要求的
应当在收到起诉状之日起法定期限内决定是否立案
能判定符合法律规定的，予以立案
能判定不符合法律规定的，不予登记立案，出具书面裁定或者决定，并载明理由
不能判定是否符合法律规定的，应当先行立案
需要补正诉状和材料的
一次性书面告知在指定期限内补正
在指定期限内补正
经补正仍符合要求的，予以立案登记
经补正仍不符合理要求的，裁定或者决定不予受理、不予立案
在指定期限内没有补正
退回诉状并记录在册
坚持起诉的，裁定或者决定不予受理、不予立案
案件受理，进入一审程序
有法律规定不予立案情形
不予登记立案，出具书面裁定或者决定，并载明理由

3. 诉讼费用速算表

财产案件受理费		
标的额	费率	速算增加额(元)
1 万元以下	—	50
1 万～10 万元	×0.025	-200
10 万～20 万元	×0.020	+300
20 万～50 万元	×0.015	+1300
50 万～100 万元	×0.010	+3800
100 万～200 万元	×0.009	+4800
200 万～500 万元	×0.008	+6800
500 万～1000 万元	×0.007	+11800
1000 万～2000 万元	×0.006	+21800
2000 万元以上	×0.005	+41800
注：一般民事案件按简易程序受理，诉讼费减半预收，由当事人在《诉讼减半收费告知书》上签字后将该告知书入卷		
申　　请		
申请支付令的，比照财产案件受理费标准的 1/3 交纳		
申请公示催告的，每件交纳 100 元		
申请撤销仲裁裁决或者认定仲裁协议效力的，每件交纳 400 元		
申请破产的，依据破产财产总额计算，按照财产案件受理标准减半交纳，但是，最高不超过 30 万元		

续表

诉讼保全申请费(每件不超过 5000 元)		
标的额	费率	速算增加额(元)
1000 元以下	—	30
1000 元~10 万元	×0.010	+20
10 万元以上	×0.005	+520

《民法典》适用与司法实务

茆荣华/主编

978-7-5197-4499-1　定价：198.00元

结合《民法典》最新的法律规定和审判实务中的50个法律适用重点问题，聚焦《民法典》的重要法律制度，为《民法典》施行后的重点、疑难法律规定的适用提供具有可操作性的实务指引，为民商事案件的办理提供有益参考。

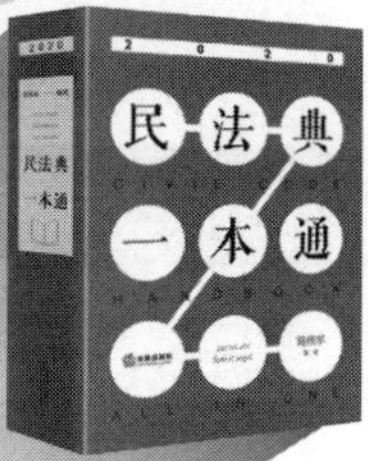

民法典一本通

葛伟军/编著

978-7-5197-4747-3　定价：186.00元

以《民法典》的结构为基础，按照总则、物权、合同、人格权、婚姻家庭、继承、侵权责任的体系编排。在体例上以民法典的条文为主线，摘编关联法律、司法解释及解释性文件、行政法规及部门规章，并以相关案例为实证。

身边的民法典（漫画说法）

张迪圣　张素/著

978-7-5197-4505-9　定价：48.00元

联系与社会大众紧密相关的衣食住行、物权合同、婚姻家庭、收养继承、购物消费及常见侵权情形等实际需求，通过形象生动的漫画展现身边常见的生活法律问题，并用通俗易懂的语言进行分析解答，为读者解决法律问题、处理法律事务提供实用的解答和指引。

中华人民共和国民法典
（学习笔记版）

978-7-5197-4820-3　定价：68.00元

本书为《民法典》的学习笔记版。根据条文内容精炼条文要旨，提炼出全文目录，方便读者查询。将法律条文序号一律由汉字改为阿拉伯数字，清晰醒目，可辨识性高。将法律条文序号、条旨、法律正文分三栏排列，方便查阅。法律条文包含多款的，分别在每一款前面标注款号，方便查找。每页的固定位置留白，供使用人评注。

民 法 典 学 习 推 荐 读 本

民法典热点问题1200问

法律出版社法律应用中心/编

978-7-5197-4916-3　定价：72.00元

本书联系与人民生活密切相关的衣食住行、物权合同、婚姻家庭、收养继承、购物消费、常见侵权等实际需求，提炼常见法律问题，依据《民法典》及相关法律法规进行分析解答，为读者处理法律事务、解决法律问题提供直接、准确实用的解答。

民法典实用问题版系列

中华人民共和国民法典：实用问题版
978-7-5197-4798-5　定价：72.00元

民法典总则编：实用问题版
978-7-5197-4814-2　定价：36.00元

民法典物权编：实用问题版
978-7-5197-4813-5　定价：55.00元

民法典合同编：实用问题版
978-7-5197-4808-1　定价：60.00元

民法典人格权编：实用问题版
978-7-5197-4812-8　定价：20.00元

民法典婚姻家庭编：实用问题版
978-7-5197-5316-0　定价：32.00元

民法典继承编：实用问题版
978-7-5197-4810-4　定价：20.00元

民法典侵权责任编：实用问题版
978-7-5197-4811-1　定价：32.00元

对《民法典》重点条文进行注解，并收录关联的法律法律法规、司法解释、部门规章。同时，结合生活实践提炼法律适用问题，为处理法律事务、解决法律问题提供实用的指引，并收录常用的法律文书（合同）范本等实用工具。